# 傳播與文化
# 經典選讀

雷碧秀 主編

# 目 錄

AI時代浪潮，文化緊跟其後－雷碧秀.................................................4

傳播與文化課程...................................................................................6

從出身到未來：階級跨越的現實與想像－王珩熹.............................7

流量與資本操控的數位人生－劉紫琪.................................................23

被操弄的事實：〈造假新聞〉下的媒體危機與公民責任－洪梓瑜...31

品味下的社會階級－蔣宛庭.................................................................38

盲目的力量－蒲又閩.............................................................................45

後網路時代，我還是我嗎？－吳沛諭.................................................53

房間裡的光:當她們開始書寫時－李文惠...........................................66

被困在螢幕裡的童年－張瑀蕎.............................................................73

娛樂至死-毀滅將在歡笑中悄然降臨－陳珏羽...................................83

誰的身體？誰的選擇？《第二性》中的我們與現在－洪若耘.........91

被製造的自由：當共識不是你，而是他們要的你－羅家葳.............99

從雲端佃農到數位覺醒－何敏暄.........................................................106

注意力商人：他們如何操弄人心？－林建卓.....................................113

失去的自由－李佳欣.............................................................................123

只能是烏托邦嗎－李宜亭.....................................................................131

媒體與流量－鄧威傑.............................................................................139

異常流行幻象與群眾瘋狂－張丞維.....................................................144

心智操控的數位戰場－陳子卬.............................................................147

那些權力的具象化──《監視與懲罰：監獄的誕生》－陳姿羽.157

近代最偉大的思想？馬克思與馬克思主義－顧玉琪.....................166

碎片連結下的孤獨群體－王憶芳..................................................171

看見之後，還要思考－呂柏毅......................................................178

你的品味不是「你的」品味－蔡語軒..........................................183

生活即表演－邱婕芸......................................................................190

我與媒體的距離－張少瑛..............................................................198

數位狂潮下的媒體重生－尹興柔..................................................208

從《身分政治》看現代社會的認同焦慮－黃敬棻......................215

四騎士與人性的戰場：科技巨頭如何重塑我們的選擇與自由－林卓立
.........................................................................................................223

影像時代下的我與我們：從觀看到認識－姚友慈......................232

流行，其實是可以設計出來的－周奕廷......................................242

附錄一 講座1－徐孝育..................................................................247

附錄二 講座2－推書手L...............................................................249

附錄三 講座3－林柏源..................................................................251

附錄四 講座4－陳皓朋..................................................................253

附錄五 傳播與文化閱讀書單........................................................254

# AI 時代浪潮，文化緊跟其後

　　這是個博學、雜學與人機共學的時代，不僅產學間需要交流合作，也如輝達黃仁勳所說，無論是追求目標，還是為了生存，都別用走的，要用跑的。這是屬於科學、資訊的時代，凡事講究速度及創新，反觀人文學科，學者的養成非一朝一夕，靠大量閱讀，思索人文的思辯甚為重要。

　　通識課程規劃六個向度：一人文思維與美學詮釋、二倫理判斷與生命涵養、三法政制度與公民社會、四經濟社會與全球視野、五科學素養與邏輯思維、六歷史思維與文明探索。而這門「傳播與文化」為向度三的通識課程。

　　這門課透過多元的文化專題，建立學生對文化、傳播與科技交織發展的不同領域視角的重新探索與詮釋，培養批判思維與創新視角。聚焦四個核心議題：

　　1.數位人文與在地記憶的再論述：探討數位技術如何改變文化敘事方式，並透過新媒體再現與轉譯地方文化與集體記憶，形塑當代社會的歷史認知。

　　2.自媒體、輿論話語權與文化再詮釋：分析自媒體如何突破傳統框架，讓多元文化與弱勢聲音獲得新的展演空間，並探討新媒體如何形成意見領域、影響公共輿論、塑造社會話語權力。

　　3.AI與後人類時代：檢視人工智慧在內容創作、

社會溝通與文化生產上的影響,並思考科技如何重塑人的角色與文化發展。

4.虛實交錯的文化生態:探討在元宇宙、擴增實境等科技發展下,數位與實體文化如何交互影響個人認同、社會互動與文化產製。

我挑選了近年出版的相關書單請同學自選精讀,我們的世界變化實在太快,因新媒體而衍生的人文社會議題等,難以因應其複雜文化的論述,於是讓同學讀讀經典,反思當代文化議題。

始終認為人文社科的師生們,應該多生產作品,或針對某些議題有所論述,讓我們實現通識博雅教育使命孕育擁有豐富人文素養的文化科技人。

本書相關書單

雷碧秀老師
2025.05.20

# 傳播與文化課程

| 週 | 課　程　內　容 |
|---|---|
| 1 | 界定文化：文化研究的範疇 |
| 2 | 媒體與社會：傳播理論與媒體的社會功能探討 |
| 3 | 媒體與全球化：意識形態與意義的再現 |
| 4 | 符號學的探究：文化、意義與知識文化研究的語言 |
| 5 | 閱聽人研究與社群文化 |
| 6 | 文化工業與通俗文化 |
| 7 | 媒體與公共領域 |
| 8 | 期中考 |
| 9 | 消費社會 |
| 10 | 文化產製 |
| 11 | 性別研究：女性主義與性平再論 |
| 12 | 身體文化：文化的身體與生理的身體 |
| 13 | 互動媒介論 |
| 14 | 非語言之間的傳播；探討文化元素的要素 |
| 15 | 跨文化交流：東西文化的不同 |
| 16 | 期末報告 |
| 17 | 自主學習：參訪電視台 |
| 18 | 自主學習：策展自製影音 |

| 思維 | 公民 | 人文 | 自然 | 資訊 | 科學 |
| 美學 | 倫理 | 社會 | 科技 | 創意 | 宏觀 |

01

# 從出身到未來：階級跨越的現實與想像

書名：《他的地板是你的天花板》
作者：Sam Friedman 和 Daniel Laurison
版本： 商周出版（2022）
撰文者：王珩熹

## 導讀

　　《他的地板是你的天花板》是一部深刻揭示社會階級與職涯發展間不平等關係的社會學著作。作者 Sam Friedman 和 Daniel Laurison 透過大量英國職場資料與訪談案例，揭露了上層中產階級如何仰賴文化資本、人脈資源與語言表現等「隱形機制」，在職場中獲得不對等的優勢。他們指出，即便在同樣的職場環境、擁有相近的學歷與工作經驗，來自不同階級背景的人仍面臨難以跨越的無形門檻。這種結構性的偏見，常常以「氣質不合」或「融入團隊的程度不夠」為名，實則反映出對特定文化風格的排他性偏好。

　　我之所以選讀這本書，是因為起初我對「出身影響未來」這樣的說法抱持懷疑，總覺得只要夠努力，命運是可以被改寫的。但隨著成長過程中的種

種經歷累積，我逐漸察覺到，來自不同社經背景的人在資源獲取、人生選擇與未來方向的掌握上，確實存在著難以忽視的差距。我常常羨慕那些能從家長那裡獲得明確指導與支持的同學，不論是課業上的協助、對升學策略的理解，甚至是對未來職涯的提前鋪路。他們似乎早早就能看見一條筆直清晰的道路，而我們，則像是拿著一張模糊的地圖，在迷霧中摸索，經常得靠試錯與碰撞來找到方向。

　　這本書對我來說不只是理論性的批判，更像是一面鏡子，讓我看清了過去無法明確言說的不平等。書中揭露的現象，與我身邊的經驗呼應得出奇一致：某些人從一開始就站在更高的起點，獲得更廣的視野、更穩固的支撐；而另一些人，則需花費加倍的力氣才能爬到相同的高度，卻還時常因「不夠像樣」而被排拒門外。作者透過大量實證，說明「機會平等」其實只是表象，而非現實。我們身處在一個表面上強調「用人唯才」、講求民主與努力的社會，然而在真實的制度與文化慣性中，階級的再製與文化排除仍舊強而有力地存在著。不平等不是個人失敗，而是結構設計本身的結果。所以當我看到書中那些深度訪談的內容時，總能在其中找到熟悉的影子，也更加理解：這些不是個案，而是被數據與制度共同建構出來的現實。作者並非僅以學者的視角書寫，而是結合英國官方統計資料與大量社會調查，將原本難以言說的不平等現象，具體地、真實地展現出來。這樣的書寫方式，對像我這樣來自中產以下背景的讀者而言，不只是啟發，更是一種理解現況、重整信念、質疑常態的契機。

## 細看名著

**觀點一：出身與職涯起點的不平衡——微階級複製的現實**

過去我總認為努力就能帶來改變，但本章讓我意識到，很多人一開始就站在不同的起跑線上。書中提出「微階級複製」（micro-class reproduction）的概念，指出現代職場中階級再製的方式，不再是單純的職業世襲，而是一種文化與資源上的延續。作者強調，即便子女長大後未必與父母從事完全相同的職業，但他們往往會進入相似的領域或階層，例如專業管理職、創意產業、文化工作等，這些選擇很大程度上受到家庭資源的影響。這些資源不僅包括實質的財務支持，還包含隱性的行業知識、人脈網絡，甚至是如何在面試、職場交流中展現「適當姿態」的默會知識。父母能為子女安排實習、推薦進入某些公司或提供業界的潛規則，這些都形成一種早期就建立的「加速晉升軌道」。而這些起點上的優勢，往往是制度所未能看見的。研究甚至發現，來自特權階級、未受高等教育的人，也比來自勞工階級、成績優異的學生更容易進入高端職場。這說明職場的不平等，並非從入職後才開始，而是在進場門檻之前，早已被家庭出身默默決定。我曾相信只要努力讀書就能翻轉命運，這個觀點讓我理解「公平競爭」的背後其實存在看不見的起跑差距。文化資本與機會不平等，才是真正限制階級流動的隱形屏障。

**觀點二：階級的地理集中與文化推薦機制**

當我讀到「文化適配」與「取薦制度」的交織時，才真正理解升遷的規則從來不只是能力導向。本章揭示職場機會與階級之間的地理與文化關聯。書中指出，像倫敦這樣的核心城市，不僅擁有大量高收入職缺，其薪資水準也遠高於其他地區。例如倫敦中區的精英職位平均年薪比英國其他地方高出36%。然而，要進入這樣的職場場域，並非只靠能力與履歷，更要依靠人脈推薦與文化適配力。書中強調「取薦制度」的關鍵作用——許多升遷與機會來自非正式的推薦與牽線，而這些推薦幾乎建立在一種文化親和力上，包括語調、談吐、休閒活動、幽默感與學歷背景的共鳴。這些條件讓某些人進入所謂的「合夥人路線」，形成加速晉升的內部機制，而未符合文化默契的人則常被排除在外。這樣的推薦不公開、不透明，並以「他看起來像我們這種人」的方式運作，導致菁英職場中的人際關係網越趨封閉，階級流動因此更加困難。原來所謂「升遷靠實力」只是表象，文化適配與人脈推薦才是真正影響機會的關鍵。我開始反思，自己曾經的不被選擇，或許從一開始就輸在「不像他們」這件事上。

**觀點三：經濟資本如何擴大選擇自由與風險承擔力**

有些人的「理想」從來都不是冒險，而是來自於被家庭保護的選擇空間。書中透過戲劇產業的例子，說明家庭經濟支持如何深刻影響個人職涯起步的選擇自由。主角耐生之所以能夠自由選擇演出項目、避開不穩定的工作與粗製濫造的劇本，其實仰賴的是父母提供的經濟支持。他可以在沒有收入的情況下安心生活，接受家中提供的住宿與生活費，

這讓他不必面對劇場環境的高度競爭與不穩定壓力。與之相對的是那些沒有家庭資源的演員，他們必須接受任何一份能帶來報酬的角色，哪怕角色性別化、種族化、具刻板印象也無法拒絕。這種「拒絕的自由」實際上是經濟資本所帶來的特權。更嚴重的是，那些擁有「父母銀行」的年輕人常被視為靠自己努力成功，而他們背後的支援系統卻被刻意隱藏，或因社會共識而被淡化處理，使得這種不平等變得更加隱形，也更加難以對抗。「選擇自由」不是天賦，而是經濟撐起的特權。我過去以為自己太現實，其實只是沒有退路。這一章讓我第一次正視，什麼叫做「看似隨性，其實被生活逼著」。

**觀點四：玻璃鞋與「精心設計的隨性」――文化再製的魔術**

那種看起來「剛剛好」的得體與從容，其實根本不是努力學來的，而是出生環境長年養成的身體語言。本書以「玻璃鞋」為核心隱喻，指出某些職場對人才的評價標準，其實根本不是技能或經歷，而是一套文化上的默契與形象――一種由特權階級所塑造出的**職場氣質標準**。例如能在面試中自信從容地表達觀點，穿著得體卻不過度講究、談話自然中帶點幽默，這些「看起來很適合」的特質，其實來自於家庭與社會環境長期灌輸的文化資本。這樣的氣質不可能靠短期模仿學會，因為它不是技巧，而是一種深層的習慣性身體語言與自我認知。「精心設計的隨性」是一種只對特定出身者自然存在的能力。對勞工階級背景的年輕人而言，這些文化準

則既沒有標準、也難以學習，他們即使努力模仿，也常被認為「太用力」、「不自然」、「不夠合群」。這種文化篩選讓階級不平等變得難以挑戰，因為它看起來只是「氣場不合」或「風格不同」，卻實質排除了整個群體。這章讓我意識到，連「像樣」這件事都不是我能靠學習得到的。那種隨性自然的自信，是特權階級從小浸泡出來的標配，我只能在門外模仿，卻永遠進不去。

### 觀點五：自我消除與向上流動的心理代價

如果向上流動代表著心理自我撕裂與身份異化，那它仍然是一種進步嗎？書中引述布迪厄的理論，指出社會階級不只是外在條件，更深刻地內化於個人的認知與選擇中。勞工階級出身的人，往往會根據自己從小接收到的訊號與限制，無意識地對「未來成功的可能性」做出評估。他們不是在競爭中輸掉，而是在進入競爭前就「自我消除」：選擇不參加升學考試、放棄競爭激烈的職業、避免嘗試可能會被拒絕的機會。有些人甚至進入高階職位後，也會因為不願完全同化於主流文化，而選擇退出或不升遷。這些看似「選擇了比較安全的路」的決定，其實背後都是對「我不屬於那裡」的潛意識回應。書中也指出，向上流動者往往承受著強烈的格格不入感與心理壓力，有些人甚至出現冒名頂替症候群。他們不相信自己真的配得上那個位置，總覺得早晚會被揭穿。這讓向上流動變成一場情緒與身份的掙扎，不再只是社會上的「好消息」。我以為流動代表成長，卻沒想過它同時也是對自我身份的割裂。不是每個人都想逃離原生環境，只是因為「那邊的

人」從來沒讓我們覺得，我們也可以屬於那裡。

## 引經據典

1. 布迪厄認為一個人在童年因環境灌輸而養成的秉性，基本上都是由我們生存環境中充滿階級意識的條件所形成，而這樣的秉性也會藉由個人對自己未來成功機會的看法，而左右他們所採取的行動。（p. 294）
2. 布迪厄認為這樣的學生因為「期待」失敗，因此從教育體制中「自我消除」，而這樣的行為其實是根植於一種「對自己成功可能性的無意識預估」。（p. 294）
3. 相對於每個成功被納入資深舉薦人羽翼之下並受到培育的被舉薦人，同時也會有一些比較沒有那麼幸運的人，必須靠著自己的力量，努力的一步步往前走。（p. 206）
4. 自己的困境存在著「一大堆剪不斷理更亂的混亂因子--我覺得自己正在玩沒有降落傘的高空跳傘」。（p. 165）
5. 這種徘徊不去的不安全感是「冒名頂替症候群」的一種極端型態，在大跨距的向上流動者之間相對普遍。（p. 304）
6. 舉薦關係中明顯的輸家，不一定是那些出生勞工階級背景的人，而是女性--不論出生任何背景的女性。（p. 208）
7. 在菁英職場上，不僅知識重要，你是誰、你如何自我呈現也同樣重要，而珍惜要點的結合，就變成了別人眼中等你具備了什麼知識，非常重要。

（p. 229）
8. 特別是這些準則常常成為那些出生勞工階級者的文化障礙，讓他們總是需要努力掙扎著去適應與迎合。（p. 216）
9. 因此我們眼中的自我消除，其實是階級天花板的一個重要驅動因子。（p. 295）
10. 職場上的階級出身差異，與那些出生勞工階級背景者的性格缺陷無關。（p. 50）

## 思辯探索

### 一、選擇的自由，不總是每個人都擁有

　　經濟條件與職涯選擇之間的關聯，是我在閱讀本書時格外有感的一個面向。書中以戲劇圈為例，揭露出一種不易被察覺的階級優勢——那些來自富裕家庭的年輕人，在面對產業不穩定與報酬不均的現實時，能夠以更從容的姿態應對。他們往往不需要因為生計急迫而倉促接案，可以有選擇的空間，等待更能展現自身風格或符合長遠規劃的演出機會。這樣的選擇自由，並不是因為他們「比較有理想」或「更有堅持」，而是因為他們有父母在背後提供物質支持，包括住房、生活費甚至社交連結。相對地，那些經濟條件較為拮据的演員，就必須接演任何一份能帶來收入的工作，無法挑剔角色內容或劇本品質，更無從談起「藝術堅持」。他們在一開始就沒有選擇的餘地，只能不斷妥協。書中強調，這種由階級背景帶來的自由，往往是「看不見的優勢」。它不像高學歷或名校頭銜那樣明顯，卻深刻地影響一個人能否累積聲望、塑造風格、打造出與

眾不同的職涯路線。而最諷刺的是，這些因資源充足而得以發展的人，往往又被社會稱頌為「堅持理想、勇於拒絕現實誘惑的成功典範」，卻沒有人看見他們拒絕的底氣其實是來自家庭的托底。這讓我開始質疑，我們日常中所推崇的「選擇權」，是否其實是一種被特權悄悄包裝過後的美化語言。我很快就聯想到自己在高中的親身經歷。當時政府推行「學習歷程檔案」制度，學生需要透過課外活動、營隊參與、志工服務等多元表現來強化申請大學的競爭力。理論上，這是讓每個學生都能展現自我特色的機會；但實際上，能不能參加這些活動，從來就不是單純意願的問題，而是經濟條件說了算。身邊有些同學一整年幾乎週週參加不同營隊，報名費、車資、住宿都能輕鬆負擔，也因此他們的學習歷程顯得格外亮眼。反觀我和一些家庭狀況比較普通的同學，常常需要權衡花費與回報，有時即使很想參加，也只能看著報名資訊悄悄關掉網頁。久而久之，我們的歷程檔案自然單薄，升學時也少了許多可以說故事、展現亮點的機會。這些經驗讓我深刻理解書中所說的「選擇自由並非人人都有」，更讓我開始思考「公平」是否只是表面規則下的幻想。當資源不平等從一開始就潛伏在制度背後時，個人的努力雖然重要，卻始終像逆風跑步。我並不否定那些努力累積實績的同學，但我想說的是：在我們都跑在同一場比賽時，有些人穿著跑鞋，有些人卻是赤腳起跑。如果我們不去看見這些差距，那麼所謂的「選擇」與「成功」，就永遠只屬於那群本來就站得比較高的人。

## 二、誰擁有從容？文化氣質也是一種階級密碼

讀到關於「玻璃鞋」的比喻時，我深刻感受到，所謂適合職場的氣質，其實並不是與生俱來的，而是一種特定階級長年形塑出來的標準。本章指出，某些職場對人才的評價標準，其實並不是我們以為的能力或學歷，而是一套來自特權階級的文化默契——包含語調、談吐、自信、穿著與社交習慣等。這種「精心設計的隨性」不是短時間可以訓練出來的能力，而是在日常生活中、從小就被不斷強化與自然內化的一種身體語言。這些看似輕鬆自在的舉止，其實是中上階層出身者長期累積的文化資本，而對於勞工階級背景的人來說，這些標準既無明文規則，又難以模仿。他們即使再努力，也可能被視為「太刻意」、「不自然」、「不合群」，進而在求職、升遷、甚至面對日常人際互動時就已經被排除在外。這種文化上的隱形門檻，看似是氣質與風格的問題，實際上卻是階級再製機制的一部分，讓某些人天生就被認為是「適合這個位置的人」，而其他人即使再努力，也被認為「哪裡怪怪的」。這樣的現象讓我開始重新檢視自己在生活中曾經感受到的差距。無論是在高中還是大學，我都能感受到有些同學身上那種說不上來的「自信與從容」，那不是裝出來的，而是真的「不慌張」。這樣的氣質，往往出現在家境較好的同學身上——他們即使成績不出色，也從不太擔心未來，對面試、社交場合也顯得非常自然。而家境較差的同學則常給人一種特別用力的感覺，他們努力爭取每一次表現的機會，希望能為自己多累積一點資本，卻也常因為過度焦

慮而顯得拘謹不安。我自己就曾經在參加營隊或公開發表時因為不確定「該怎麼說、怎麼穿、怎麼笑」而感到極度緊張。那是一種來自文化落差的自卑，而不是缺乏練習。在這樣的體驗中，我越來越理解，原來「看起來自然」也是一種特權——它不是學會的，而是活出來的。這樣的經驗讓我對所謂的「公平競爭」產生了更多懷疑。如果文化判準是由特定階級制定，那麼我們其實不是在同一個遊戲裡，只是被說了是而已。我也因此更加心疼那些出身不利的同學，他們不是不努力，而是從一開始就在模仿一套從未屬於自己的劇本。更殘酷的是，即使模仿得再好，也始終會有人說：「你不太像我們這種人。」這讓我意識到，所謂的「適合」，其實是社會早就偷偷為某些人量身打造的隱形玻璃鞋。

### 三、階級不是斷裂，而是延續的網絡

除了明顯的資本差距之外，這本書也讓我認識到「微階級複製」背後更深層的延續機制。作者指出，現代職場中的階級再製不再是簡單的職業接班，而是透過文化與資源的隱性傳承而完成。即使子女未必與父母從事同一工作，他們也往往進入相近的產業與社經階層，比如律師、顧問、媒體人或創意產業。這樣的再製並非偶然，而是因為家庭從小就提供了知識、人脈、行業理解，甚至是對「應該怎麼在某些場合說話與表現」的默會經驗。父母可以安排實習、引薦前輩，甚至只是飯桌間的一句提醒，對孩子未來的職涯都可能產生巨大影響。這些隱性的「加速晉升機制」，在制度與履歷上可能完全看

不見，但卻實實在在地塑造了現實中的不平等。更諷刺的是，研究發現，來自特權家庭、甚至沒有高學歷的人，比勞工階級出身、學歷優秀的人更容易進入高端職場——因為他們早已站在「內行人」的視角與位置上。雖然我目前還沒真的進入職場，但我在求學過程中已經隱約體會到這種階級人脈的作用。舉例來說，如果你家長本身就是教授，然後又剛好和你的指導老師熟識，那麼整個關係網會立即變得不一樣。這種情況下，老師對待你的方式往往不會只是一般學生，而是像對待自己朋友的孩子一樣，不但主動告訴你有用的資源、機會，甚至在課堂之外也會格外照顧你。這種「被關注」的方式不是靠努力贏來的，而是一種出身背景自然附帶的隱性優勢。而像我們這樣普通家庭的學生，常常是課後才知道大家已經默默報名完一個什麼限額計畫、早早卡好位。這樣的現實讓人感到無奈，卻也別無選擇。你不能怪老師有偏心，因為他只是在延續熟人網絡的習慣；你也不能說這不公平，因為這就是社會的真實模樣。讀完這一章，我更加確定了一件事：有些機會，不是你不夠好，而是你根本沒機會知道它曾經存在過。

**四、當你連「夢想」都必須衡量風險**

談到「自我消除」的概念時，我深深感受到階級不平等所帶來的心理負擔與限制。書中指出，真正限制一個人向上流動的，往往不是外部條件的明確拒絕，而是內心早已植入的一句話：「那不是你該去的地方」。來自勞工階級的孩子，在成長過程中常常習慣自我設限，不是因為他們缺乏能力或志

向,而是因為他們太早就學會如何評估風險、避免失敗。他們看見自己的家庭負擔不起失敗的代價,於是自動避開那些「看起來很遠」的選項,像是報考熱門科系、申請海外交換、甚至是爭取某些講座或實習機會。他們的選擇看似務實,實則是提前退出賽場的一種形式。這種退出,往往不是外界強迫,而是一種「理性計算」後的心理保護機制。他們選擇較保守的路線,不是因為沒有夢,而是因為知道自己無法承受萬一失敗時可能帶來的衝擊與羞辱。而即便有些人突破重圍進入了社會菁英的圈層,他們也可能在那個陌生的世界裡感到格格不入,不斷懷疑自己是不是「混進來的」。書中提到的那種深層不安與自我懷疑,在我身邊的朋友身上也能看到。他們即使考上了頂尖學校、進了外商公司,仍然不太敢開口分享背景、總覺得自己哪裡和別人不一樣,彷彿在扮演一個角色,害怕某天會被拆穿。這樣的描述,讓我深刻意識到,「階級流動」並不只是考上好學校或賺到高薪那麼簡單,它還伴隨著身份的調整、心理的**撕裂**,以及長時間的文化適應。真正困難的,從來不是通過那道門,而是進來之後,你是否敢相信:我值得站在這裡。我也聯想到,有些人明明有機會申請國外的碩士班,卻最終沒有跨出去,不是因為不夠優秀,而是心裡早已計算過經濟壓力、生活成本和文化適應的風險,最後選擇留在國內,追求一條看起來比較穩定的路。這並不是放棄夢想,而是某種被迫的「自我保護」。所謂的自我消除,有時候的確不是「不想要」,而是「不得不」。

| 問題焦點 | 問題思考 | 問題行動 | 問題結果 |
|---|---|---|---|
| 為什麼經濟背景會影響一個人的職涯選擇自由？ | 書中指出經濟資本會決定個人是否擁有「拒絕」或「等待」的自由，讓我思考，許多選擇其實不是基於意願，而是基於能否負擔風險。 | 高中時，我嘗試參與部分免費活動並詢問老師是否有補助計畫，希望能盡可能豐富自己的學習歷程。 | 雖然我參加的活動數量有限，但這段經歷讓我更理解資源落差如何影響選擇權，也更珍惜每次能夠參與的機會。 |
| 為什麼有些人看起來天生「適合」某些職場或場合？ | 書中「玻璃鞋」的概念讓我意識到，看似自然的自信與氣質其實來自文化資本，這不是練習出來的，而是從小被內化的結果。 | 我開始觀察這些氣質背後的來源，並反思自己面對正式場合時的緊張，其實不是個性問題，而是文化落差的反映。 | 我學會不再責怪自己「不夠自然」，也更能同理那些看似不自在、卻努力融入的同儕，理解「自信」本身也是階級特權的一部分。 |
| 為什麼某些人能更快進入菁英職場？ | 書中提出「微階級複製」的概念，讓我發現階級再製不只是錢的問題，還包 | 在系上看到老師對熟識家庭的學生特別照顧，我選擇多主動爭取與老師互動，尋 | 雖然我無法改變背景，但我學會靠主動性彌補資訊落差，也更清楚哪些機會是需 |

| 問題焦點 | 問題思考 | 問題行動 | 問題結果 |
|---|---|---|---|
|  | 含資訊、人脈與潛規則的傳遞。 | 求可能的指導與資源。 | 要「被知道」才能爭取的。 |
| 為什麼許多機會，在還沒嘗試前就被放棄了？ | 書中提到「自我消除」源於內化的階級限制，我想到許多人選擇留在熟悉的環境，不是因為沒有夢，而是因為知道自己承擔不起失敗的代價。 | 我重新檢視自己的決策動機，試圖分辨哪些是理性規劃，哪些其實是被環境與自卑感推著走的退讓。 | 我更能理解自己與他人看似「穩定選擇」背後的無奈，也提醒自己在有能力時，不該過早為自己劃下限制。 |

## 結語

讀完《他的地板是你的天花板》，我不再天真地相信「只要努力就一定能翻轉命運」。我開始明白，許多我們以為的「個人選擇」與「公平競爭」，其實背後早已佈滿結構性的隱形門檻。出身無法選擇，資源分配不均，甚至連自信、從容這些看似與生俱來的氣質，其實也是長年被形塑的階級特權。然而，認識現實的殘酷，不代表要向它妥協。相反地，這份清醒反而成為我面對世界的力量——提醒自己看見那些隱形的不平等，也提醒自己在力所能及的範圍內，主動尋找機會、善用每一份資源，更不要輕易為自己劃下界線。同時，我也學會對那些

「還沒跨出去」的人多一點理解,少一點苛責。或許我們都無法立刻改變結構,但至少可以選擇,讓這份理解成為彼此的支持。最重要的是,正如書中所說:「我們無法選擇出生,但可以選擇如何理解與面對這個不平等的世界。」這,將會是我繼續前進的理由。

| 思維 | 公民 | 人文 | 自然 | 資訊 | 科學 |
|------|------|------|------|------|------|
| 美學 | 倫理 | 社會 | 科技 | 創意 | 宏觀 |

## 02

# 流量與資本操控的數位人生

書名：底層網紅：時尚、金錢、性、暴力……社群
　　　欲望建構的最強龐氏騙局
作者：Symeon Brown
版本：寫樂文化（2023）
撰文者：劉紫琪

## 導讀

　　《底層網紅》以底層網紅的出身背景做切入，探討他們如何在惡劣的社會環境與資源的匱乏當中選擇網紅作為夢想，因何受關注，最後走向看似成名的路上又會遇到什麼樣的困境，付出什麼樣的代價？

　　同時，書中也進一步分析底層網紅涉及到的社會議題，例如快時尚產業過度生產與資源浪費、醫美產業對於「美」的過度單一化的推崇及高風險手術、行銷組織發展成的龐氏騙局……等。這些議題看似與底層網紅沒有太大關係，卻因為網美的曝光和推薦而擴大影響力。

　　作者深入講述底層網紅如何利用自身影響力影響大眾的價值觀，無論是快時尚還是醫美議題，都顯現出底層網紅背後始終都有資本作為推手。在資本眼中，往往不需付出高昂的代言費，就能透過底

層網紅的影響力去推銷自身產品。這些不會讓人有距離感的底層網紅，因為貼近大眾的生活，反而比明星更具有說服力，更容易消除大眾的警戒心，無疑是性價比極高的最佳代言人。

此書不僅記錄和分析底層網紅與其牽扯的社會議題，更是藉由對底層網紅的深度分析，讓閱聽者深思如今的數位電子時代該如何去辨別網上的資訊？網路上看似人人都能發聲，但究竟真正掌握話語權的人是誰？又將如何避免資本主義帶來的消費陷阱？

## 細看名著

1、「快時尚利用名人效應，將低廉的服飾產品通過網路行銷手段包裝成為一種潮流，風靡全球。」

然而，這種潮流背後卻隱藏著嚴重問題，不僅是因過度生產造成的資源浪費，加劇環境的污染，還有非法移工遭遇非法扣薪，單一化美的標準引起容貌焦慮。

快時尚產業依賴低成本的勞動力，而低成本的勞動力大多都有非法入境或非法居留的問題。廠商讓這些非法移工長時間的勞動之後又得不到應有的薪資，一但產生勞資糾紛，就會立刻被雇主舉報遣返，導致勞工有苦難言。

為了迎合市場靠化妝和醫美改頭換面的底層網紅，又將這種審美傳播出去，單一化大眾對於美的標準，引起人們的容貌焦慮。

以淘寶為例，雖然淘寶只是一個購物平台，但

卻充斥廉價且款式眾多的衣服,許多消費者的衣服並沒有長期穿著的打算,就會在此平台上購買。像是年輕人流行的 Dress Code,或是專門為了出遊拍照而選購的衣服,這些衣服並不適用於日常,所以消費者會特地選購廉價款式,穿過即扔。

原本只是簡單的認為這是在節省預算,實際上我也陷入了快時尚的陷阱,造成過度資源浪費,也在無形中推動了非法移工及容貌焦慮的問題。

2、「底層網紅風光背後隱藏的醫美陷阱」

醫美經底層網紅的推廣,將高風險的整形包裝成無需任何代價就能變美的小手術。然而,底層網紅為了流量與利益,隱瞞手術的嚴重後遺症及對診所的背景避重就輕,像是招攬來歷不明的醫生,忽視術後照顧;不為消費者的術後後遺症負責等。

儘管作為始作俑者的底層網紅也是受同行的矇騙而去醫美,但他在自身都遭受後遺症痛苦的情況下,依然繼續引誘年輕女性踏入陷阱,誤以為是投資自己未來的行為。

在社群媒體的快速推薦下,年輕女性因資訊不對等而選擇去做醫美,不僅更陷於外貌焦慮,餘生也得在定期的修復手術中度過。

這種現象背後反映的是話語權的轉移,從專業診所中醫生的評估,到網紅的推薦,閱聽者反而輕信外表光鮮亮麗的網紅。

3、「以女性賦權為名,剝削女性」

這是一個只要掛上女性主義的名頭就有無數人

買單的時代，許多底層網紅就藉由一些激勵人心的空頭話語，偽女性主義的訊息，像是「成為自己的老闆」，套取經濟資源有限的女士群體信任，營造女性權利覺醒的假象，讓這些女性加入行銷組織，再以會費、管理費及訓練費等名頭不停向這些女性索取高額費用。

甚至於，這些女性也成為了推銷工具，再去欺騙相同背景的女性入會，形成多層次行銷的詐騙。

這類行銷組織精準掌握女性渴望獨立自主的心理，並且以此牟利。而一旦這一連串的行為成為循環，我們需要去思考的是那些經濟資源的女性是否還能擁有改變現狀的勇氣？她們是否會因為害怕被剝削，害怕陷入更窘迫的情境而失去反抗現狀的勇氣？

多層次行銷式的詐騙不僅是造成經濟損失，更多的是阻礙人們改變的決心。

4、「底層網紅藉由欺騙行徑推銷產品」

數位時代，底層網紅已經成為商品行銷的工具。書中舉例販賣營養品的商家，先是利用激勵人心的話語，像是「掌握屬於自己的人生，成為理想中的自己」，將商品包裝成得以改變人生的仙丹；再是尋找身材姣好、外貌亮眼的底層網紅，透過修圖軟件，讓產品的功用看起來更加明顯，藉欺瞞行徑促使消費者購買產品。

這種建立在欺騙上的行銷，背後隱含的是資本推動的身材及外貌焦慮。透過網紅的身材與外貌，引起消費者對身材的過度關注，以此販賣產品。

在日常生活中，我也常常因為網紅的推薦而購買產品，他們會透過使用產品的前後對比圖使我相信產品的效果，然而等我親身使用時，發現效果往往沒有那麼神奇，商品與宣傳不符，遂感到自己上當受騙。

　　因此，在面對網紅推薦時，我會上網尋找商品資訊及評價，確保是在資訊對等的情況下完成交易。

5、「社群媒體的出現使衝突成為主流」

　　現實生活中，大多數人都會避免衝突，但到了網路上，衝突不再需要付出代價，發生衝突不僅能引起關注，成為獲取流量的最佳途徑，更可以透過衝突中的站隊來討好特定族群。

　　以「底層網紅」為例，他們通常沒有豐富的學識，但卻十分擅長操縱情緒，像是假裝自己是社運人士，利用活躍於社運活動的形象包裝自己，培養自己的死忠粉，下一步就是將流量變現，開始推銷產品。

　　這樣的風氣，使衝突成為社群媒體的主流，反而忽略真正需要幫助，抑或是在推動社會改變的人們。

## 引經據典

1. 我覺得現代人都想要更好、更高、更有名、更熱門、更有魅力的東西，快時尚就能實現這些願望。它縮短普通人和名人之間難以跨越的鴻溝。（P.26）
2. 快時尚的商業模式建立在創造需求，以一種無所

調的心態在營造一種無所謂的環境。（P. 40）
3. 有別於傳統媒體給人封閉、特權的印象，社群媒體似乎是「用人唯才」，不在乎你的出生背景，只看你有沒有個人特色和耐心，肯熬、熬久了就有回報——假如你什麼都沒有，那麼性魅力無疑是你的最佳利器。（P. 67）
4. 自我商品化是使用社群媒體無可避免的現象。（P. 69）
5. 當現實是如此的不討好，在網路妄想遂成了必要的手段。身在一個鼓勵裝腔作勢的世界，你首先要說服的人是你自己。自我欺騙是打進這個經濟市場的第一步，非得把有辱人格的活兒包裝的人人稱羨才能步步壯大。（P. 100）
6. 經濟窘迫自然使我們萌生改善生活的慾望，這份慾望卻變相成為他人有機可乘的牟利工具。（P. 133）
7. 經歷這樣一連串的失敗，很多人八成都會這樣就此收手不幹，但我可不一樣。失敗當然也會讓我很受傷啊，不過我大概失落個一兩天，就會振作起來，再努力嘗試。(P. 148）
8. 在社群媒體只要發表風趣、中肯的言論或強而有力的主張，就會有人稱讚附和，這種回饋機制使大家逐漸改變自己在網路上應有的行為準則。（P. 201）

## 思辯探索

| 問題焦點 | 問題思考 | 問題行動 | 問題結果 |
|---|---|---|---|
| 過度消費造成的資源浪費 | 探討是否要為了一時之樂,購買許多廉價衣服,穿過即扔? | 試著購買耐穿且經典的衣服款式,避免對於著裝的特殊要求<br>可以讓消費者更多的認識到過度消費會造成的資源浪費及環境破壞 | 認清對於著裝上的必要與不必要,避免讓自己成為資源浪費與剝削勞工的元兇 |
| 流量變現成為財富,「獲得關注」從一種心理上的需求演變成經濟上的追求 | 為了關注做很多自己並沒那麼喜歡的事情值得嗎? | 重新思索自己使用社群媒體的目的,不勉強自己追趕潮流 | 更清楚自己想要什麼,在社群媒體氾濫時代保持自我 |
| 為了營利,網紅過度吹噓商品的效果,消費者因資訊不對等而上當 | 為什麼人們會容易輕信網紅推薦的產品? | 思考產品是否為必需品購買之前仔細查看產品成分及網路評價 | 透過更謹慎的思考,及確保自己與賣家的資訊對等,避免總是盲目相信網紅的推薦 |

## 結語

在這個流量至上的世代,底層網紅成為資本操控的一枚棋子,他們為了追求流量,誇大產品效果、

隱瞞風險，進而影響大眾的價值觀和選擇。

　　在社群媒體普及化的時代，我們需要具備辨識及查證訊息真假的能力，理解底層網紅的行銷背後，始終有資本作為推手，才能避免在流量與資本的博弈中，成為被操控的一方。

| 思維 | 公民 | 人文 | 自然 | 資訊 | 科學 |
| --- | --- | --- | --- | --- | --- |
| 美學 | 倫理 | 社會 | 科技 | 創意 | 宏觀 |

# 03

# 被操弄的事實：〈造假新聞〉下的媒體危機與公民責任

書名：造假新聞
作者：胡安・莫雷諾
版本：**臺灣商務(2021)**
撰文者：洪梓瑜

## 導讀

　　作者胡安・莫雷諾出生於西班牙威爾卡－奧維拉，曾任職於德西公共電視臺及《南德日報》，其後以自由記者身分走訪世界各地，並供稿於德國極具影響力的《明鏡週刊》。

　　全書由莫雷諾第一人稱出發，並以《明鏡週刊》的自由工作者身分，揭發《明鏡週刊》內獲獎無數並受長官們愛戴的王牌記者－克拉斯・雷洛提烏斯的新聞造假內幕。從一開始的懷疑、奔波查證，到最終證明雷洛提烏斯是如何系統性的編織虛構報導，循序漸進的帶領讀者窺探德國新聞界前所未有的新聞造假醜聞。

　　在媒體與事實不斷被質疑與挑戰的時代，《造假新聞》提供了閱聽人一次難得的反思機會，同時也讓我們重新審視媒體、公信力與記者倫理的脆弱界線。

## 細看名著

### 「揭發新聞造假的真相歷程」

　　作者以親身經歷為敘述主軸，還原造假事件的來龍去脈，最終揭發雷洛提烏斯長期造假的真相。

### 「敘事與虛構邊界的模糊」

　　雷洛提烏斯雖運用賦有文學性與情感渲染力的文字撰寫報導以達到可看性，但背後卻摻雜諸多甚至通篇的造假情節。

### 「造假手法與系統性操作」

　　作者一步步揭露雷洛提烏斯如何透過虛構人物、捏造對話、拼湊場景等方式，創造出一連串的虛構故事，甚至能在他人提出質疑時，利用話術精準迴避。

### 「社會編輯部的權力失衡與責任歸屬」

　　作者對於《明鏡週刊》中的社會編輯部提出質疑，點出其長期存在的結構性弊病，提供了雷洛提烏斯造假的溫床，應負起最大的責任。

### 「報導應有事實根據，而非無中生有」

　　新聞報導的價值應建立在事實與查證之上，而非倚靠虛構與想像堆砌。

## 引經據典

1. 人總是相信自己會的,而不是自己想要的。除非是笨蛋,才會反其道而行。(第2章, 1/15)
2. 寫得好就是寫出真相。(第4章, 1/12)
3. 人生並非如此,實際上完全不同。(第5章, 1/18)
4. 對中產階級來說,新聞就像是底層人的拳擊賽。(第7章, 1/6)
5. 除非身歷其境,不然沒有人知道在對質時會出現怎樣的反應。(第8章, 1/10)
6. 有多華麗的旅途,就會帶回來多大的謊言。(第9章, 1/8)
7. 給我真相,其餘免談。(第10章, 1/16)
8. 如果你搞砸了,你就該讓你的讀者知道。(第14章, 1/10)
9. 想像力必須在脆弱的真相上,配合整個芭蕾舞群的藝術表現合舞,不能屈從於謊言的靈活彈性。(第15章, 1/7)
10. 假新聞媒體因其陰謀論和盲目的仇恨而瘋狂。(第16章, 1/10)

## 思辯探索

本篇引發造假爭議的雷洛提烏斯在其心態上固然有問題,但讓其造假報導長年刊登於市面上且從未有人提出質疑,不禁令人思考是否為內部未善盡監督義務、民眾之媒體識讀能力低落的問題,才導致如此離譜的造假內容暴露於世人之中卻從未有人

提出質疑或糾正。

　　此現象我認為可對應於台灣的媒體中，台灣媒體時常為了獲得網路流量撰寫誇大不實的標題以騙取民眾點入觀看報導，有些記者甚至為求快速，便在未經查證的狀況下刊登不實消息，不僅提供錯誤資訊誤導民眾，還會使報導中提及的人物遭受無端指控。類似的例子時常在生活中上演，然而各家媒體似乎從未停止這類行為，若民眾皆具備足夠的媒體識讀能力且不斷抵制假新聞，也許此類報導能逐漸減少，但只要有部分民眾無法辨別假新聞，不斷轉發給親友或是輕易相信媒體提供的內容，那就是變相助長假新聞的風氣。

　　因此，欲改善造假新聞風氣，不僅媒體內部需善盡監督責任與具備公德心、確實查核每篇報導內容的正確性，減少報導中的造假內容，閱聽人也應當提升媒體識讀能力，落實「三要」：要有主動探究的意願、要有多元思考的能力、要能自我反思批判，與「三不要」：不要以為眼見就能為憑、不要只以自己的立場解讀、不要隨意轉發（擷取自管中祥，媒體識讀的三要與三不要，2021-02-25），以增進分辨真假新聞的能力。

　　雷洛提烏斯作為本書造假新聞的主要人物，勢必要對自己長期捏造虛構事件負起最大的責任，但於第一點提到的內部問題以及一部分可能變相助長此風氣的閱聽人，我認為同時也是要負起一定的責任。

　　對於此問題所應採取的行動，我認為除了媒體內部應強化查證機制與設立道德守則外，也可思考

建立閱聽人參與審核機制的可能性,例如在新聞刊登前,由具備培訓經驗的公民審核志工進行檢驗,為新聞真實性多一層保障;且由於現今網路平台盛行,自媒體經營興盛,將報導刊登於平台之前我認為也應設立相關審核機制,由第三方來進行內容查核。

相信由媒體、閱聽人與平台此三方共同承擔責任,假新聞的蔓延才有機會真正被遏止。

閱讀完雷洛提烏斯的造假事件後我開始思索關於記者應具備的專業倫理問題,究竟雷洛提烏斯是為了什麼才做出了這一連串的舉動,雖然書中提及他最終只是為了他自己的名聲而背棄職業倫理,但這也令我反思了是否是最初記者的教育訓練出了問題,未給予妥當的專業倫理素養課程,才導致雷洛提烏斯心術不正?

這同時也讓我聯想到台灣媒體是否也同樣缺乏倫理訓練?是否在追求點擊與流量時,忽略了記者應具備的核心價值與自律能力?

因此,職前教育中的倫理課程設計、媒體業內部的在職訓練,相信透過這些制度的逐步完善,也許有機會慢慢建立起記者應有的專業形象,進而重拾社會對新聞工作者的信任。

| 問題焦點 | 問題思考 | 問題行動 | 問題結果 |
|---|---|---|---|
| 為何會有造假問題？ | 內部監督問題？閱聽人媒體識讀能力不足？ | 改善驗證流程、提供更多佐證資料、透過三要與三不要提升媒體識讀能力。 | 減少造假可能性、提升閱聽人分辨真偽能力。 |
| 自媒體時代，誰該負起把關新聞真實性的責任？ | 媒體記者？平台業者？閱聽人？ | 媒體自律、平台審核機制、讀者參與。 | 藉由外部人的參與及審核機制，為新聞內容真實性多一層把關。 |
| 記者所應具備的專業倫理是否不足？ | 專業教育訓練不夠完善？因名利誘惑或內部壓力而摒棄真實性？ | 強化職前訓練與在職進修課程，建立新聞倫理規範。 | 建立記者專業形象，有助提升社會對新聞的信任。 |

## 結語

　　透過《造假新聞》這本書，我們不僅看見了一樁震驚新聞界的造假事件，更被迫直視當代媒體體制與公民社會所共同面對的倫理困境。雷洛提烏斯個人的失格固然可恥，但這同時令我們反思到整個媒體環境對真實的鬆懈、對敘事效果的過度追求，以及閱聽人自身在資訊流通中所扮演的消極角色。

在資訊瞬息萬變、真假難辨的今日，記者的專業倫理、媒體的自我監督，與閱聽人的媒體識讀能力，三者缺一不可。願這場造假風暴帶來的不僅是譴責與感慨，而是成為促使我們集體反思與改革的契機，使新聞工作回歸真實，並讓公民社會更加成熟堅韌。

| 思維 | 公民 | 人文 | 自然 | 資訊 | 科學 |
|---|---|---|---|---|---|
| 美學 | 倫理 | 社會 | 科技 | 創意 | 宏觀 |

**04**

# 品味下的社會階級

書名：區判：品味判斷的社會批判
作者：皮耶・布赫迪厄
版本：麥田出版(2023)
撰文者：蔣宛庭

## 導讀

　　《區判》於 1979 年出版，被國際社會學協會評為 20 世紀最重要的十部社會學著作之第六名，並於 2023 年由學者邱德亮翻譯為繁體中文版。而其作者皮耶・布赫迪厄（Pierre Bourdieu）為法國著名社會學大師、人類學家和哲學家，由《衛報》評為「許多人心目中的當代知名學者」。

　　本書將社會依照資產分配劃分出支配階級、中產階級、普羅大眾，並聚焦於其中的中產階級的文化認同感，分析在品味區隔背後，隱藏的社會出身影響。人們從童年開始，透過家庭中傳遞的文化資本，形成與其所屬的社會階級相符之審美傾向。此等階級品味不僅表現在藝術、文化與飲食偏好上，也滲透於日常生活的選擇，成為區分階級的象徵。不同階級發展出各自的品味標準，並排斥與自己不同的品味，進一步加深社會的分化。

## 細看名著

### 「你的品味,並非你的品味」

我們往往以為品味是個人自由選擇的結果,實則不然。根據布迪厄的觀點,品味深植於個人所處的社會階級,為文化資本作用的展現。從飲食偏好、居家風格到音樂、服裝與藝術,不同階級所擁有的文化背景形塑其日常選擇,進而產生「生活風格化」現象。

這種差異在美學方面尤其明顯。藝術品的價值被定義為應透過「純粹的凝視」來鑑賞,與生活基本需求劃清界線。支配階級因經濟方面無虞,且承受維持地位的無形壓力,較常培養其品味及對文化的區判力;反之,大眾階級之生活重心在於應對日常開銷,對藝術的接觸較少,品味追求也傾向感官刺激與即時滿足。這不僅是文化開銷方面的差異,更是一種階級認同。

### 「成長環境的影響力」

家庭及學校為兩個最早開始形塑一個獨立個體的環境。家庭中潛移默化的教育方式與生活經驗,對於個人的影響無庸置疑。若個人來自家境較優渥的家庭,自幼便較有機會接觸文藝性質活動。這些精英式培育能夠養成他們對主流文化的熟悉與認同,也因此較容易在教育體系中被視為有天分者。所謂的「天分」,其實是一種社會結構中的優勢所造成的錯覺,並非單靠後天努力就能完全彌補。

學校教育本身主要專注於學術知識的傳播，其實對於藝術品味或區判力並未刻意培養，然而文憑卻常與學生所持有文化資本的多寡息息相關，此亦為成長環境所形塑而來。當學生進入學生及師資素質較高的學校，導師自然會對學生提出期望，同儕之間也會交換文化及社會資本，使階級之間的連結更加牢固。此時個人往往會在不自覺中內化這些文化標準及競爭壓力，而拉開階級間的差距。

「學歷：階級更迭的關鍵？」

　　文憑常被視為突破階級限制的重要工具，然而文憑所能發揮的效力，仍然受到原生家庭文化資本與社會資本的限制。隨著高等教育日漸普及，學歷不再如過往稀有珍貴。這導致學校制度並非在入學時就嚴以篩選，而是待學生入學後，才有了「資優班」及「放牛班」的優劣分類。完成同樣教育年限的學生，心理預期應得到同樣的文憑，實際上卻有價值差異。大環境的改變及分類學制，不僅使學歷貶值，也讓教育體系助長階級差異的再製。

　　除了學制問題，得到文憑後實際發揮的效用也可能天差地遠，這是個人所持有社會資本差異所致。例如會計領域中，同樣是擁有會計學學士學位的畢業生，若其家族擁有事務所或公司，便可透過人脈安排實習機會，提前與業界建立連結，更不必憂心畢業後的就業問題。相對地，缺乏背景者則需投入更多時間與金錢繼續深造，如報考研究所、取得證照，或是經歷長年累積工作經驗，才可能逐步追趕。文憑雖然有潛力成為通往社會上層的敲門磚，但是

否能真正打開那道門，仍與個人所處的社會位置緊密相連。

## 「矛盾的布爾喬亞」

布爾喬亞（Bourgeoisie）源自法文，意為資產階級，此書特指位於支配階級與大眾階級之間的中小資產階級。他們在經濟條件與教育資源方面優於大眾階層，卻無法如支配階級般，能夠透過地位得到象徵性的利益。中產階級欲仿效支配階級之生活型態，但由於缺乏其文化及社會資本，收藏的時常是已降格的「微型文化」。

如此階級焦慮亦延伸至家庭教育上。上升中的中小資產階級父母在追求更高社會地位過程中，往往犧牲消遣娛樂，甚至放棄自身理想抱負。這使得他們只能將過去的未竟之志投射在子嗣身上，期待他們能充當代理人，實踐自己的夢想。這種現象在當今社會也屢見不鮮。白手起家的父母時常根據自己的經驗，為下一代規劃出一條「完美道路」，而忽略了孩子的個人興趣與志向，往往因此激發世代間的對立與衝突。

## 「階級的無限輪迴」

隨著工業的進步，經濟上的差距不斷加大，使其他階級難以翻身；而文化上的壓制則成為無形的控制工具，透過品味區隔、教育標準等方式，合理化支配階級之社會優勢與既得利益。經濟及文化的雙重剝奪加深了階級間的界線，也進一步穩固了支

配與被支配的結構。此外,長期以來社會對各階級生活型態的刻板印象,使得人們在無形中內化這些階級分類。這樣的價值判斷不僅影響社會評價機制,也進一步壓縮了階級流動的空間。

## 引經據典

1. 因為是在神不知鬼不覺的情況下,大眾美學的觀點被染上了嚴重的負面形象,這才是所有高級美學的基石。(p. 86)
2. 他們以彼此相對的方式,為必然是不明確的品味遊戲提供一種絕對參考值,因此透過一種矛盾的顛倒,來正當化布爾喬亞追求「天生高貴」為差異的絕對化的抱負。(p. 120)
3. 教育體制所創造的期望與實際上所提供的工作機會之間的落差,在文憑通膨時代是一個結構性的事實,影響所及依其文憑的稀有性和其社會出身會在程度上有很大的差異,但都會影響整個受教育的世代。(p. 232)
4. (小資產階級)不是擔心太過火,就是擔心做得不夠,馬上洩漏出對其所在位置的不確定和憂慮,也總是擔心顯露出還在所屬階級位置的印象。(p. 373)
5. 這並非偶然,主流藝術和主流生活藝術之間都共享最基本的區判邏輯,建立在基本需求與奢侈之間的對立。(p. 375)
6. 沒什麼比一個輸家的踰越更具顛覆力,尤其當他受到想要平反和變成高貴的動機鼓舞時,他就不再只是單純不對位認可的表達,也是對等級秩序

無政府式的激進表述。（p. 474）
7. 雖然心照不宣地承認，但是一旦隨著機器自動化的進步，經濟的剝奪更加深了文化的剝奪，而後者則是提供前者最好的合理化藉口。（p. 562）
8. 品味就像是一種社會直覺的指引（一種自得其所的感覺），會指引在社會空間裡位居一個特定位置的人朝向適合其特性的社會位置，朝向適合這個位置的佔有者之實踐或商品，以及跟他們「合得來」的實踐或商品。（p. 670）

## 思辨探索

| 問題焦點 | 問題思考 | 問題行動 | 問題結果 |
|---|---|---|---|
| 階級影響下的品味形成 | 社會階級形塑生活風格與審美判斷，非個人自由選擇 | 反思審美是否受限於出身條件，主動接觸多元文化資源 | 培養區判力，降低階級再製對自身的影響 |
| 學歷對階級流動的影響有限 | 原生家庭的資源限制學歷效益的發揮 | 辨識學歷以外的競爭優勢或軟實力，並積極跨域發展 | 將自我價值延伸至學歷外，提升競爭力 |
| 中產階級焦慮與不自信 | 中產階級因自身定位焦慮，不惜代價追求上層生活模式 | 分析自身消費動機，安於更符合實際需求的生活型態 | 減少盲目競爭與財務壓力，建立穩定的自我認同感 |

## 小結

　　品味究竟是基於人生而為人之本能，還是由後

天生活經驗塑造而來?《區判:品味判斷的社會批判》一書揭示,「品味」這看似個人化的審美選擇,背後隱含的社會階級結構與再製機制。支配與被支配、父輩與子代、物質狀態與心理認同,社會階級盤根錯節似地交纏於每個人的外在行為及內在意識,自然也影響了不同階級間相去甚遠的審美觀。而正是這般在品味方面的區隔,造就了階級之間的對立。

　　階級制度的存在固然為社會提供一定程度的穩定及秩序,但同時其以資產作為主要劃分標準的天性,往往難以真正達到公平與正義。這種制度安排不僅限縮了個體向上流動的可能性,也加劇了群體間的認知落差與衝突。在追求多元與平等的現代社會中,我們應更深刻地意識到「品味」並非單純是個人偏好及努力結果,而是權力與文化資源分配的體現。唯有鬆動對既有階級與文化標準的盲目崇拜,並正視社會資源分配上的不平等,才能真正開啟對文化自主與社會公義的實踐之路。

## 05

| 思維 | 公民 | 人文 | 自然 | 資訊 | 科學 |
|---|---|---|---|---|---|
| 美學 | 倫理 | 社會 | 科技 | 創意 | 宏觀 |

# 盲目的力量

書名：烏合之眾：激情、非理性、領袖崇拜，盲目群體的心理陷阱
作者：古斯塔夫・勒龐
版本：時報文化(2020)
撰文者：蒲又閩

## 導讀

　　《烏合之眾》是法國社會心理學家古斯塔夫・勒龐於 1895 年出版的代表作，被譽為群體心理學的奠基之作。本書剖析群眾行為的本質，揭示在特定情境下，個人進入群體後的心理變化與行動模式，對政治、社會運動及大眾文化的理解產生深遠影響。

　　作者古斯塔夫・勒龐（Gustave Le Bon）是一位 19 世紀末的法國知識分子，專長於心理學、社會學與歷史學。他特別關注人類在群體中的行為偏差，他以對群體心理特徵的研究而著稱，並且在其作品中預見了 20 世紀幾乎所有的心理學和政治發展。

　　這本書深入探討人們在群體中的行為與心理變化，說明為何個人在群體中容易失去理智、被情緒主導，甚至做出與平時判斷不同的行動。

## 細看名著

**1. 群體並非個體的總和,群體為無意識的個體:**

在《烏合之眾》中,古斯塔夫·勒龐指出,群體並非只是個體的總和,而是一種全新的心理實體。這是本書的核心觀點之一。當個體聚集成群體時,他們不再以個人的理性與判斷行事,而是被群體情緒、氣氛與暗示力量所牽引。這種心理上的融合與轉變,使得原本理性、審慎的個人,在群體中可能表現出截然不同的行為。因此,在面對大眾運動、集體行為時,不能僅以個體的行為準則來預測其發展,更要洞察其背後的群體心理動力。群體不是理性個體的總和,而是情緒與潛意識交織而成的有機體。

「群體的無意識行為代替了個人的有意識行為。」這句話幾乎貫穿了全文,勒龐認為這樣的無意識隱藏著強大的秘密且作用巨大,而當人們形成群體之後,將會進入一種特殊的狀態,有意識的人格消失地無影無蹤。

我們是否也曾在群體中丟棄了我們平時的思維模式,跟著人們的腳步以及唾沫的方向來行動呢?我們是否也曾如同每個時代洪流中的抗議與革命中,脫下我們富含知識與冷靜的外袍,舉起火把朝著即將被推翻的異心者吶喊?

**2. 群體是易變且不容質疑的:**

群體情緒極不穩定,並且極其容易受到暗示。在群體中,一個人的智商和其行為的關聯性大幅降低,受到暗示的群體放棄了任何深思熟慮的能力,

越簡單淺薄的邏輯連結就能使整個群體亢奮。

群體的情緒與意見常在短時間內劇烈波動,並對反對聲音展現出強烈排斥與攻擊性。勒龐強調,群體的信念一旦成形,就像宗教信仰一樣,難以動搖,且不容質疑。即便前一刻還支持某事,下一刻也可能完全轉向,卻依然堅信新信念的正當性。

在社群媒體的時代,這種現象尤其普遍。例如韓國藝人雪莉過世後,大批網友原先猛烈批評她的穿著與言論,但事件發生後,輿論急速轉向,眾人突然以悼念與悲痛的姿態撻伐過去的網路霸凌。這樣的集體轉變充滿矛盾,卻又無人質疑自身的態度轉變,甚至把「當初批評她的人」當作外部敵人予以清算。

這樣的群體行為模式令人警醒:一個群體若失去反思與自省的能力,那麼它就成了一個封閉的信仰體,無論是支持正義還是實行暴力,都可能走向極端。

## 3. 群體容易受到某些因素影響:

群體信念會受到以下因素影響:種族、傳統、時間、政治與社會因素以及教育。這些因素能使群體較容易接受某種信念,因而產生出一種共同的、新的群體信念,並且具有排他性。

勒龐認為群體極易被符號、象徵與幻想激發情緒,這些往往比事實與邏輯更有說服力。特別是那些具有戲劇性、神秘性與情感張力的元素,更能深植人心,引導群體行為。而自從人類擁有文明,便不斷地受到幻覺的影響,這些幻覺包含過去宗教的神祕色彩以及如今社會與哲學的飄渺。而我們的社

會與政治全部難逃其深遠影響。

歷史上的宗教運動即是一例。中世紀的十字軍東征，原初只是基督教世界對聖地的宗教關懷，但透過教會塑造的「神聖戰爭」意象與天堂的應許，成千上萬的民眾離鄉背井，赴戰場送命。這場運動與其說是出自信仰，不如說是出自集體幻想與象徵的力量。

### 4. 群體的領袖：

群眾渴望被引導，因此「領袖」成為操控群體心理的關鍵人物。領袖透過重複、肯定與感染力強的語言來獲得一種強大的威力「名望」，使人們心中充滿驚奇與敬畏，進而影響整個群體的思想與行動。這些領袖往往並非理性思考者，而是富有魅力、熱情與自信，能夠以簡單有力的語言激起群眾情緒。

群眾的領袖通常也擁有一個特徵，也就是極端專制，並且是不需要任何憑藉的專制。當人們面對這種權威時，竟然會不自主的溫順服從。

以希特勒為例，他並非學者或政治理論家，但他在演說中精準地抓住德國戰敗後民眾的失落與憤怒，透過「民族復興」與「猶太陰謀」的敘事激起廣大共鳴，進而建立納粹的極權體系。群眾相信他、也幾乎崇拜他，不再質疑其命令是否合理。

### 5. 群體極端的善與極端的犯罪行為：

勒龐提出，群體具有雙重性——它可以表現出極端的利他主義，也可以走向極端的破壞與暴力。這種兩極化的行為表現源於群體心理的非理性特質，加上情緒的放大與責任感的稀釋。

當群體受到人數力量的鼓舞，將會使他們獲得一種信念感，使他們曲解自己的犯罪行為。在此時的群體當中，他們認為自己的犯罪行為是在履行一種正義的責任。

1966年中國文化大革命初期，「紅衛兵」群體因接受「清洗資產階級」的號召，在全國各地發起毆打老師、破壞文物、迫害異己的行動。許多年輕人後來坦承，在群體激情中，他們根本無法思考自己的行為是否合理，只覺得自己在「完成一項偉大任務」。但矛盾的地方是，這些群體也時常展現出超乎尋常的道德感。

## 引經據典

1. 世界上的一切偉人，一切宗教和一切帝國的建立者，一切信仰的使徒和傑出政治家，甚至再說得平庸一點，一票人裡的小頭目，都是不自覺的心理學家。(P. 41)
2. 群體為了自己只有一知半解的信仰、觀念和隻言片語，便英勇地面對死亡，這樣的事例何止千萬！(P. 88)
3. 這些觀念的出現並不是像擲骰子一樣全憑運氣，它們都深深根植於漫長的過去。當它們開花結果時，是時間為它們做好了準備。如想了解它們的起源，就必須回顧既往。它們既是歷史的兒女，又是未來的母親，然而也永遠是時間的奴隸。(P. 125)
4. 各民族是受著它們自己的性格支配的，凡是與這種性格不合的模式，都不過是一件借來的外套，

一種暫時的偽裝。(P.130)
5. 在這種情況下，群眾會把陌路英雄視為自己的同類，為自己曾向一個已不復存在的權威低頭哈腰而進行報復。(P.191)
6. 沒有任何事情比群眾的想法更為多變，今天，也沒有任何事情，能夠像群眾對他們昨天還讚揚的事情今天便給予痛罵的做法更為常見。(P.206)
7. 他們深信自己肩負著重要使命，著手搭起一座審判台，與這種行動連繫在一起的是，他們立刻表現出群體的率直和幼稚的正義感。(P221)
8. 一種文明的偉大，如果依靠僅僅以人多勢眾自誇的低劣成員的選票，是無法讓人放心的。另一件無須懷疑的事情是，群眾投下的選票往往十分危險，它們已經讓我們付出了若干次遭受侵略的代價。(P.244)

## 思辯探索

| 問題焦點 | 問題思考 | 問題行動 | 問題結果 |
|---|---|---|---|
| 人們在網路上愈發容易跟風。 | 人們在社群媒體上容易被某些片面的觀點吸引。 | 我們應停止盲目地轉發資訊並且培養更強的媒體素養能力。 | 網路上會少很多片面的斷言。 |
| 在政治中，人民很常成為政黨間戰火的引燃物。 | 政治家們時常利用傳統以及教育滲透人群，帶給人們一些根深蒂固的 | 了解各政黨候選人的政治理念與政見，不以政黨背景概括之。 | 選出真正為民喉舌的政治人物。 |

| 問題焦點 | 問題思考 | 問題行動 | 問題結果 |
|---|---|---|---|
|  | 思想,再透過肯定、重複的話語來使人群形成一種力量。 |  |  |
| 人們在社群媒體上容易捲入公然侮辱或是誹謗的風波。 | 書中提到,當犯罪群體受到群眾的鼓舞時,便會認為自己的犯罪行為僅是正義的表現。 | 全然了解事情的真相,不隨意發表偏激且可能違法的言論。 | 避免讓自己成為有心人的武器,也可以避免網路霸凌的發生。 |

## 結論

　　《烏合之眾》不僅是一部揭示群體心理的經典之作,更是對現代社會中人們行為模式的深刻警示。勒龐透過分析群體的組成、心理特質以及行動動力,讓我們明白個體在群體中容易喪失理性,轉而被情緒與暗示主導。他指出,群體非但不是理性個體的總和,反而像是一個受潛意識驅動的整體,其情緒多變、缺乏自省,對象徵、幻想和領袖的話語特別容易產生依附與信任。

　　被勒龐一覽無遺洞悉出的心理特質,儘管穿越了百年仍依舊清晰可見。尤其在當今社群媒體高度發展的社會裡,顯得格外值得警惕。我們在網路上看見的輿論風向、政治言論甚至霸凌行為,常常正是書中所描述的「群體盲目性」的現代延伸。而這樣的行為背後,可能並非出於惡意,而是源於群體

內的責任稀釋與情緒放大,使人陷入非理性的認知與行動之中。

　　本書也提醒我們,群體不是個人的總和,更是信仰、情感、幻想交織而成的巨獸。而這頭巨獸,既能創造偉大的理想,也可能輾壓真理與正義於無聲之中。因此,真正的公民素養與自由精神,並非來自掌聲與跟風,而是在眾聲喧嘩中仍能保持清醒。

　　當我們面對群體的盲目和本能的驅動時,我們是否能讓理性與良知成為我們最後的堡壘?

| 思維 | 公民 | 人文 | 自然 | 資訊 | 科學 |
|---|---|---|---|---|---|
| 美學 | 倫理 | 社會 | 科技 | 創意 | 宏觀 |

06

# 後網路時代，我還是我嗎？

書名：扁平時代：演算法如何限縮我們的品味與文化
作者：凱爾・切卡
版本：衛城(2025)
撰文者：吳沛諭

**導讀**

　　在後網路時代，演算法早已無處不在，不論是虛擬世界裡 Spotify 上的推薦歌單、Netflix 裡的推薦影片，抑或是實體世界中越來越相似的 Ins 風咖啡廳、北歐風裝潢，都有演算法的身影。演算法幫助我們迅速篩選出感興趣的內容，僅需短短一瞬間，便能將數倍於以往的資訊呈現在我們面前。然而，這樣的便利也帶來了深遠的影響，這些影響已從網路世界慢慢滲透到現實社會，並重塑了我們的生活。

　　身為《紐約客》專欄作家及新聞工作者的作者凱爾・切卡，用「扁平時代」一詞來描述演算法對這個時代所造成的現象，在這個扁平化的世界中，資訊的範圍被縮小，我們所能接觸到的內容，往往只是演算法「希望」我們看到的那一部分，這不僅限制了我們的品味，也影響了創作者的創作方向，

讓原本多樣化的創意逐漸趨向單一化。曾經的網路是人們從日常生活中抽離，探索更多知識和文化的空間，但如今，演算法卻大幅削弱了網絡的多元性。

面對這些問題，我們能怎麼辦？透過《扁平時代》，將啟發我們更多的思考，並促使我們重新審視許多看似理所當然的現象。

## 細看名著

### 「演算法焦慮」

書中提到，在越來越普及的演算法下「我們總是不斷預期與事後猜測演算法的決策，演算法令人摸不著頭緒的影響力，創造出一種新形態的焦慮─「演算法焦慮」（p.26）。

對於創作者而言，貼文是否能受到演算法的青睞、能否被更多人看見、能否獲得大量按讚，這些未知數都成為焦慮的根源。於是，坊間流傳著各種關於演算法的推測，從毫無根據的「演算法決定論」，到充滿命運的「演算法宿命論」，試圖解讀這個看似無形卻無所不在的規則。

對於使用者而言，網路潮流更迭迅速，正如安迪‧沃荷所說：「每個人都能成名十五分鐘」，然而，十五分鐘過去，又會有新的紅人、新的話題。只要一天不上網，便擔心錯失最新的流行語，與朋友們產生隔閡，甚至喪失共同語言。即便對演算法的不滿與日俱增，人們仍舊高度依賴它，生怕一旦脫離，便會被時代拋下。

演算法焦慮不僅影響流行趨勢，也影響了我們

的日常生活。在我過往的經驗，近年來除了主流的 FB、IG、X 等社交媒體，還有許多較冷門或新興的平台不斷湧現，如 Retro 等。每當有新軟體問世，我總要評估：這個平台會流行起來嗎？我該不該註冊？若不加入，是否會錯過朋友們的生活點滴，甚至無法掌握最新的流行趨勢？另一方面，這些新興軟體的伺服器尚未穩定，開發公司是否可靠也是未知數，冒然註冊可能帶來資安風險。於是，我試圖克制自己不要盲目跟風，卻仍在加入與觀望之間搖擺不定。

面對演算法焦慮，我認為最好的解方，是時刻提醒自己：「專注於自己就好。」我發佈的貼文、選擇的活動，應該源於內心的喜好，而非對流量的追逐。我去吃飯、去旅行，不是為了打卡，而是單純享受其中的樂趣。當行動回歸初心，焦慮便會逐漸消散。

「演算法形塑品味」

在過去，實體書店的店長、廣播電台的 DJ 都是我們的品味塑造者，然而，近年來，演算法正逐步取代他們的角色。Netflix 只推薦觀眾可能感興趣的影集；Spotify 依循大數據推送熱門歌曲，而非根據歌曲的背景或藝術價值進行推薦。隨著內容取得變得越發便利，人們越傾向選擇不需思考的內容，而演算法也因此強化這種偏好，使用者越是沉浸於輕鬆無負擔的資訊流，演算法便越頻繁地推送類似的內容，最終讓品味變得單一，進而陷入惡性循環。

不單如此,演算法的推薦機制也影響著創作者的選擇。當內容創作者發現特定類型的作品更容易獲得曝光,便會迎合趨勢,減少創作的多樣性。於是,品味的單一化問題不再是單純「關閉演算法」就能解決的,當創作環境受到影響,個人選擇也隨之受到限制,最終,我們可能連「選擇」的機會都失去。

　　如文中所說,所謂的好品味是能「反映出當下那些轉瞬即逝的心情,同時我們也藉此慢慢建構出一套關於『我是誰』的想像」(p.75)「有品味的人必須能夠完整的經驗一件作品,感知到自己對它的感受,並且要能夠分析它究竟好在哪裡」(p.76),在這個缺乏注意力的時代,缺少了分析的耐心,總是被動地接受源源不絕的資訊,那麼我們對於世界的好奇心與探索精神將逐漸衰退,獨特的看法、新奇的創意將不復存在。

　　曾經,有一段時間我非常喜歡在短影音平台上觀看辯論賽的精采片段,一段時間後我發現當我在寫作文時,那些曾經看過的論證手法、思維模式,讓我能更流暢地組織論點;然而,後來我開始觀看有關偶像的短片時,整個推薦頁面很快被娛樂內容佔滿,辯論賽的影片不再出現在我的視野中,沒了演算法的推送,我再也沒有自己去搜尋過辯論的影片。當我再次動筆寫作時,曾經熟悉的論證技巧與優美詞句都消失無蹤,腦中的思緒變得空洞無比,寫出的論述更顯得老套乏味。演算法對品味的塑造就如溫水煮青蛙,失去思考能力的我們對資訊來者不拒,在不知不覺間,我的品味已被演算法牽引,

甚至失去了屬於自己的選擇權。

書中有一個比喻令人深思：「扁平時代的世界，有可能走向法西斯主義」（p. 97）。當演算法讓所有人遵循單一的審美、觀看相同的內容、接受相似的價值觀，我們所認為「屬於自己」的品味，真的還是我們自己的嗎？抑或是，現在的我們，早已成為演算法的化身？

**「當演算法侵入現實」**

不知從何時開始，我們身邊的咖啡廳變的越來越相似—老屋改建、木質調的日式裝潢、標配的奶蓋戚風蛋糕與拿鐵咖啡。如今，出門旅行不論初衷為何，「打卡」早已成為不可或缺的儀式，「手機先吃」這句調侃，已然成為日常。為了迎合拍照需求，新一代咖啡廳不再以味道取勝，而是專注於營造「適合拍照」的氛圍。每個角落都是精心設計的打卡牆，每道甜點都擁有完美的配色及比例。當我們打開 IG 搜尋咖啡廳，呈現在眼前的，盡是相似的食物、相似的構圖、相似的色調，精緻而美麗，卻毫無個性。

如小說《白噪音》中對打卡現象的描述：「我們來這兒不是為了捕捉形象，而是來這裡鞏固這些形象。每張照片都強化了這個氛圍。」（本書於 p. 181 引用此段話），演算法向使用者推薦熱門照片，使用者爭相前往打卡，而商家看見商機，便將店面裝潢成網路流行的風格，結果便是無論身處何地，咖啡廳的樣貌都如出一轍，城市之間的風格界線逐漸模糊，甚至跨越國界，變成全球統一的審美

趨勢。

　　文中將此種咖啡廳稱作「通用咖啡廳」—能夠在世界各地存活的制式化店鋪。然演算法對現實生活的影響遠不只如此。短影音的興起，讓流行文化的擴散速度前所未有的快，「Ins 風夏季穿搭」「韓式髮型攻略」等標題吸引著那些原本不關注韓流的人，而當網紅、同儕紛紛跟進，原本對時尚不感興趣的人也不由自主地加入潮流。演算法進一步強化這股趨勢，一旦開始點擊相關內容，推薦頁面便被類似資訊佔據，即便不想關注，也會在潛移默化中受到影響。

　　第一次直接的觀察到這個現象，是當我的高中社團選完下一屆幹部時，我才驚覺十一位學妹，竟無一例外都是黑長直髮型，額前搭配流行的高層次八字瀏海，一眼望去，每個人都如同複製貼上。細想之下才發現，近年來遇見的人長得越來越像，女生標配散髮搭配空氣瀏海或八字瀏海，男生則是錫紙燙髮型，外加素色 T 恤與短袖襯衫疊搭。單看一個人，或許都符合時下的主流審美，但當他們出現在人群中，卻彷彿被無數個相似的身影吞沒。美的千篇一律，毫無記憶點可言。

### 「傳統娛樂空洞化」

　　從前述例子可見，演算法已深刻影響新一代的娛樂媒體與創作者，那麼，傳統產業能倖免於難嗎？答案顯然是否定的。演算法偏好簡短、易吸收、無需深思的內容，創作者若不順應潮流，便難以在市場中生存。正如書中所說：「現代許多文化產品，

包括書籍、電影、音樂等，都是為了迎合演算法而製作的，作品無不是為了在短時間內吸引眾人目光」（p.208）。

以音樂來說，為了讓聽眾停留更久，不少歌曲選擇在開頭直接進入副歌，在聽眾喪失耐心之前便吸引住他們；抑或是捨棄深刻的歌詞意涵，反覆堆疊洗腦的旋律歌詞，讓人不自覺哼唱。近年來，音樂曲風的趨同現象尤為明顯，音樂綜藝節目裡的歌曲，往往從低語呢喃的前奏開始，高潮逐步升調，最後以炫技的海豚音作結；串流平台上的熱門音樂，則大多旋律相似，甚至當作背景音播放時，都難以察覺歌曲已經更換。

電影產業亦是如此。為了吸引觀眾，現今的電影往往堆砌特效，卻忽略劇情。例如《名偵探柯南》的劇場版，自首部作品上映至今已 28 年，早期電影注重推理過程，細膩刻畫角色性格與情感，在懸疑與刺激之間營造層次，每部作品皆令人印象深刻，值得反覆回味。然而，近年劇場版為了迎合市場，逐漸將焦點轉向華麗的動作場面，選角則依人氣高低決定，先有角色才寫劇本，而非以劇本塑造角色，結果便是劇情空洞，讓人看完後幾天便忘得一乾二淨。

正如書中所說，現代藝術正逐漸淪為「殭屍形式主義」（p.208），也就是一種剝離內在情感與精神深度的空洞表現形式，當作品少了深層立意與核心價值，藝術便如同沒有花朵的花瓶，徒具外表，卻無法真正觸動人心，也難以在人們記憶中留下痕跡。

## 「新創到壟斷,扁平化是誰造成的?」

　　演算法造成的扁平化已經引發越來越多人關注,但為何至今沒有公司試圖改變現狀?書中指出,「大公司的結構性壟斷」(p.279)是原因之一。早期的社群平台各有所長,專注於一兩項核心功能,可如今的社群平台卻無可避免的走向全功能化,FB及 X(原先的 Twitter)等平台彼此競爭,爭奪市場份額,導致新創公司難以立足。一旦有新興平台崛起,形成潛在威脅,大公司便會在公司規模還小時,以對小公司來講是天價的價錢收購他們,或動用自身力量封殺小公司。就像面對 IG 的迅速崛起,祖克柏直接採取「買了它,或是埋了它」的策略(p.280),最終將其納入 Mata 版圖。

　　這些被收購的公司,最初可能是市場中的一股「清流」,保有網路最原始的樣貌,沒有演算法、沒有廣告干擾。但一旦落入大型企業手中,便會被套用相同的商業模式與演算法機制,逐漸喪失原有特色。結果便是社群平台愈發趨同,使用者無論身處哪個平台,所見內容都大同小異,而演算法的影響力則愈發牢不可破。

　　面對大公司的壟斷,我們還能做什麼?書中提出最直接的方法便是法律介入。藉由要求平台透明化運作,讓使用者了解自身數據如何被利用,讓創作者知道演算法的推薦機制。此外,制定如《兒童電視法》等分級制度,減少未成年人接觸過多負面資訊,甚至立法規範,當某部影片流量過高時,要求平台暫停推薦,以減緩演算法的強制推送效應。

目前，各國已開始制定相關法規，試圖規範平台運作，然而，審查標準的不確定性，成為法規落實的最大阻礙。例如，YouTube 經常將探討重要議題或歷史事件的影片黃標，導致這些有價值的內容難以觸及更多觀眾。這說明「審查」雖然可能成為對抗演算法的一種工具，但若無法建立完善的標準，其效果仍十分有限。在演算法驅動的時代，如何在「內容自由」與「避免扁平化」之間取得平衡，仍是值得深思的課題。

「個人的力量―成為自己的策展人」

　　書中提出一個引人深思的問題：「假使演算法系統一夜消失，「我」還會是原本的我嗎？」（p.327），如今，我們所觀看的影片、聆聽的音樂，幾乎都是演算法為我們挑選的。但那些出現在推薦清單裡的內容，真的是因為「我」喜歡，還是因為「大家」都喜歡？這些喜歡是我們的選擇，還是盲目的跟隨潮流？

　　這種影響不僅存在於虛擬世界，也滲透到了現實生活。對於看書這件事，我向來相信閱讀的「緣分」，拿到什麼書就看什麼。然而，有次走進書店，面對琳瑯滿目的書籍，卻毫無頭緒該選哪一本，直到視線掃過一本名為《山茶花文具店》的書，一股莫名的熟悉感讓我毫不猶豫的將它拿下。我原以為這是「緣分」，直到結帳後才驚覺，這正是短影音平台上無數人推薦過的書。這不禁讓我懷疑，這次的相遇究竟是偶然，還是演算法早已鋪好的軌跡？我的閱讀品味，究竟是自己的選擇，還是社群平台

塑造的結果？

　　若想找回真正的個人品味，書中提出了一個關鍵概念「策展人」。所謂的策展人，不只是簡單的將作品羅列在一起，而是憑藉自身的經驗與知識，串聯不同作品的內涵，引導觀賞者進行更深入的思考。然而，如今的網紅與演算法正試圖顛覆策展人的角色。他們將風格相似的內容隨意拼湊，無關背景、無關脈絡，卻美其名曰「策展」。正如書中所述：「如今的策展，其實不像是在用心關照事物，反而比較像是在展現自戀情節。」（p. 353）這類「策展」只讓人理解表象，卻無法挖掘深層價值。

　　要對抗品味的扁平化，好的策展至關重要，它不僅能幫助我們重新找回思考的過程，更能拓展視野。我看過最令人驚豔的策展是今年 3 月底時，由沿岸製作工作室策劃的展覽《招牌：》，這個計畫以「p. n. g」為起點延伸出以這三個字母為開頭的不同詞彙，並結合品牌意義帶來全新的視角。在這場展覽中，策展人試圖挖掘台灣文化與歷史如何影響庶民街景的招牌美學，透過一個個店鋪故事，讓人重新關注自身所處的環境。這樣的策展，才是真正值得讚賞的，它不僅讓人駐足，更讓人思考，在娛樂的同時也獲得啟發。

　　或許，我們無法阻止世界變得越來越扁平，但我們可以多去關注優秀的展覽，抑或是學習如何成為自己的策展人。無論是對自己的品味，還是對世界的認知，我們都可以選擇更深入地探索，而不是被動接受演算法的安排。唯有如此，我們才能真正找回屬於自己的審美與價值觀。

## 引經據典

1. 演算法技術被太廣泛的應用，考慮的不是使用者的體驗，而是鎖定使用者的廣告商們的需求。（p. 47）
2. 扁平時代下的消費者困境是：時時刻刻都被超豐富的內容包圍，但沒有任何一樣讓人深受啟發。（p. 72）
3. 我們先要投入時間，才能深有體會；我們得去經驗陌生的事物，才能領會到真正的驚奇。（p. 79）
4. 演算法所挑出的東西只是眾人集體行為的結果，其本身並不帶有任何人性的意涵。（p. 80）
5. 與其說這些房子的裝修反映了當地人的品味，倒不如說它們反映的是我的觀點。（p. 189）
6. 原本應該是要先有好的文化產品，然後再想辦法行銷出去；但如今卻是先訂好了行銷目標，然後再來做文化產品。（p. 223）
7. 無論創作者腦中蹦出了什麼樣的想法，他都可以先把點子公諸於世，看看受眾們反應如何。（p. 266）
8. 一名鑑賞家最重要的品性：主動收集的意識，以及深入品賞的耐心。（p. 347）
9. 科技不只改變了我們所生產文化的形式，也在同一時間改變了我們感知這些文化的方式。（p. 406）

## 思辯探索

| 問題焦點 | 問題思考 | 問題行動 | 問題結果 |
| --- | --- | --- | --- |
| 演算法焦慮 | 流行文化變化快速,且社群平台鼓勵創作者收集越多讚越好 | 把目光放到自己身上 | 看淡流行及名氣,不再為沒有網路而焦慮 |
| 品味庸俗化 | 演算法只推薦單一的內容,且內容越來越沒意義 | 自己蒐集多元資料,不要只依靠演算法 | 開拓自身視野,讓網路成為工具 |
| 通用化世界 | 為了吸引更多顧客,需多出租屋、咖啡廳、書店等都採用相同的裝修,不管到哪一個國家都長一個樣 | 融入在地化特色做為賣點,吸引顧客同時保有特色 | 文化樣貌越來越多元,國家與國家間保有自身特色 |
| 策展人被取代 | 演算法接替以往策展人的推薦功能,卻沒能推薦真正有脈絡的作品 | 多關注認真策展的創作者,並理性分析演算法所推薦的內容 | 擁有自己的思考,擁有自己的品味 |

## 小結

　　《扁平時代》是一本讓人「看見自己如何被看

見」的作品，讀完之後，我們或許無法立刻擺脫演算法的影響，卻能在每一次選擇中，更有意識地靠近那個真正的自己。這本書不是對科技的全面批判，而是一種提醒，唯有意識到自己正在被塑造，才有可能重新拿回形塑自己的權力。

| 思維 | 公民 | 人文 | 自然 | 資訊 | 科學 |
| --- | --- | --- | --- | --- | --- |
| 美學 | 倫理 | 社會 | 科技 | 創意 | 宏觀 |

## 房間裡的光：當她們開始書寫時

書名：自己的房間
作者：維吉尼亞・吳爾芙
版本：經典紀念版 天培(2019)
撰文者：李文惠

### 導讀

　　維吉尼亞・吳爾芙於 1929 年發表的《自己的房間》，是一篇以女性文學與寫作條件為主題的長篇散文，源自她在劍橋大學的兩場演講。書名中「自己的房間」既是實質意義上的空間，也象徵女性創作所需的自主與自由。吳爾芙主張，若女性要成為作家，除了天賦與靈感，更需要穩定的經濟來源與不受干擾的私人空間。這看似簡單的條件，在歷史上卻長期為男性所壟斷，而女性則往往被侷限在家庭與社會的傳統角色中，無法獲得創作的機會與自由。

　　在書中，吳爾芙不僅檢視了過去女性作家的生存處境，也透過虛構人物「朱蒂絲・莎士比亞」——莎士比亞的假想妹妹——來想像一位擁有相似才華的女性，會如何因社會制度而被摧毀才華與生命。她的分析鋒利而具有詩意，既是對過去歷史的批判，也是一種對未來女性創作者的鼓舞與呼籲。

《自己的房間》不只是一本文學評論作品，更是一部跨越時代的女性主義經典。它既挑戰了傳統文學史對女性的忽視，也反思了知識、創作與性別之間的權力結構。時至今日，這本書依然啟發無數讀者思考性別、寫作與自主性的關係。

## 細看名著

### 一、《自己的房間》女性創作自由的基本條件

書名「自己的房間」是全書最核心的象徵，代表女性若要從事文學創作，必須擁有獨立的空間與穩定的經濟收入。吳爾芙認為，這兩項看似基本的條件，對歷史上的女性而言卻極為奢侈。女性長期無法擁有財產、缺乏受教育的機會，也常常無法從繁重的家務與照顧責任中抽身，更遑論專心從事寫作。她指出：「一個女人如果要寫小說，她就必須有錢和一間自己的房間。」這句話既是對創作條件的分析，也點出了性別不平等在文化產出的根本障礙。對吳爾芙而言，「房間」不只是物理空間，更是象徵思想的自由與個體的獨立。

### 二、女性受限於教育與知識的資源壟斷

吳爾芙在書中描寫她前往牛津與劍橋進行資料查詢時的經歷。她在校園散步時無意踏上草地，立刻遭到制止；當她試圖進入圖書館查閱資料時，又因沒有男性介紹信而被拒之門外。這段親身經歷顯示出在當時高等教育機構對女性的排斥，並反映出知識與學術資源的性別壁壘。女性不但難以進入高

等教育體系,連作為知識讀者的基本權利都不被允許。這不僅是一段諷刺性的敘述,更是一種對制度性歧視的批判,點出女性寫作困難的結構性根源,我想這也是促使作者書寫此書的主要原因。

## 三、男性貶低女性是為了維持自身自信與優越感

吳爾芙在書中銳利分析男性如何透過貶低女性來維持自身的權威與自尊。她觀察到,歷史上許多男性作家與學者都對女性作出負面評價,甚至不惜捏造或誇大其劣勢。她認為這種行為背後潛藏著心理補償的機制——當男性在現實中感到不安或無力時,貶低女性能讓他們感受到優越與控制感。她寫道:「女性是一面能夠映照出男人兩倍大形象的魔鏡。」這句話生動揭示了性別關係中權力的不對等,也指出社會建構如何透過壓制女性來維持男性中心的結構。這樣的觀察至今依然具有深刻的當代意義。

## 四、虛構人物朱蒂絲・莎士比亞象徵被壓抑的女性天才

為了更具象地說明女性創作者所面臨的困境,吳爾芙虛構了一位名叫朱蒂絲的莎士比亞「妹妹」。這位朱蒂絲與哥哥同樣才華洋溢,卻因為性別無法接受教育,也無法被允許上台演出或出版作品。最終,她懷才不遇,在絕望中結束生命。這段虛構的敘事既是文學性的想像,也是一種歷史的補白,提醒讀者:歷史上並非沒有才華出眾的女性,而是她們的聲音與作品被社會制度下壓抑與抹除。朱蒂絲象徵著無數被時代忽略、被家庭與社會壓迫的女性

創作者,也成為對當代女性的提醒與召喚。
### 五、吳爾芙對未來女性創作的希望與鼓勵

雖然《自己的房間》對性別不平等的現實提出尖銳批判,但書中也隱含著希望與積極的展望。吳爾芙相信,隨著社會結構逐漸改變,女性將逐步獲得經濟與思想上的自由。她鼓勵女性讀者勇於書寫自己的經驗、創造屬於自己的語言與風格。她預言未來的女性作家將不再只是男性傳統下的附庸,而能真正地書寫出「中性的心靈」,創造出屬於人類整體的文學。

## 引經據典

1. 她那安樂而寫意的生活,在她的臉上並未留下多少快樂的痕跡。(p. 44)
2. 因為久遠的年代以來,她的所有,都算是她丈夫名下的財產。(p. 47)
3. 何以女子常是對男子如此重要,因其有襯托之功也。(p. 68)
4. 我毋需恨任何男人,他不能傷害我。(p. 71)
5. 當身為女性不再是受保護的一種行業時,任何事都能發生的啊。(p. 74)
6. 而現實生活中,她幾乎不能讀書,幾乎不能拼字,只是她丈夫的私有財產。(p. 81)
7. 男子「反對女性解放的歷史」或許比女性解放的史話更來得有趣味。(p. 97)
8. 偉大的頭腦是半陰半陽的。(p. 166)

## 思辯探索

### 一、女性創作與經濟自主的關係

在《自己的房間》中,吳爾芙強調,女性若要創作,必須擁有金錢與自己的房間,這不僅是物質的條件,更象徵一種心理與社會的自由。她點出歷史上女性難以成為作家的根本原因,正是因為缺乏這兩項基本資源。放到台灣當代社會,雖然女性受教育程度大幅提高,也普遍參與職場,但是否真正擁有穩定的經濟條件與獨立空間進行創作,仍是值得探問的問題。許多女性在面對家庭責任、工作與社會期待的多重壓力下,難以保有穩定的創作時間,遑論追求藝術理想或文化貢獻。因此,若希望更多女性聲音進入文學與公共領域,應從制度層面提供創作支持,例如設立女性藝術與文學創作獎助金、提供托育資源,並推動工作與生活平衡的文化轉變。唯有女性不再為生活所困,創作才可能真正自由。

### 二、男性透過貶低女性來維持權力

在《自己的房間》中,吳爾芙揭露男性藉由貶低女性來強化自身的價值與社會地位。這並非只是個人層次的歧視,而是一種深層的文化與制度機制,用來維繫父權社會的穩定與自信。即使到了今日的台灣,這種現象仍普遍存在於職場、媒體與網路之中。女性在公共場合中若發言強勢,往往被指責為「情緒化」或「太有主見」;女性政治人物的專業能力也常被媒體聚焦在外貌或婚姻狀態上;而在網路論壇中,性別羞辱與惡意評論更是家常便飯。這

些語言與態度的背後,反映的正是對女性發聲能力的恐懼與打壓。唯有透過性別教育的深化、法律對性別暴力的規範、與女性在媒體與公共領域的積極參與,才能逐漸破解這種透過貶低他人來維持自我優越的文化心理。當女性能自由發聲,男性也能從中解放出來,共同創造更平等的社會關係。

### 三、女性書寫如何補足歷史的空白

吳爾芙在書中反覆提到,歷史對女性的忽視,是長期父權社會建構下的結果,並且少數關於女性的書,卻是被男性書寫的。即使女性活躍於生活各處,但她們的聲音與經驗卻未被好好記錄,彷彿不曾存在。這種「歷史的空白」讓女性在文化與國族記憶中缺席,也影響了她們如何理解自身與世界的關係。在台灣,過去的歷史敘事多以男性為主體,從政治領袖到抗爭英雄、產業發展與文化論述,女性常只作為附屬角色存在。然而,近年來越來越多女性投入歷史書寫、文學創作與影像紀錄,試圖重新建構屬於女性的歷史與記憶。無論是撰寫慰安婦故事、記錄家庭主婦的生活史,或創作反映女性身體經驗的詩文,這些書寫不僅為歷史補上空白,也讓女性看見自身在社會中的角色與價值。透過女性書寫,我們得以重新理解歷史,也重新想像未來。

| 問題焦點 | 問題思考 | 問題行動 | 問題結果 |
|---|---|---|---|
| 女性創作需金錢與空間支持,現代女性是否擁有這些資 | 女性常因家庭與職場限制無法擁有穩定創作時間與經濟自 | 推動女性創作資源補助、發展寫作社群、建構創作友善 | 提升女性創作能見度與文化參與,擴大性別平等的實踐空 |

| 問題焦點 | 問題思考 | 問題行動 | 問題結果 |
| --- | --- | --- | --- |
| 源？ | 由。 | 制度。 | 間。 |
| 社會中是否仍透過貶低女性來強化男性自信與權力？ | 媒體、網路與語言中性別歧視仍在鞏固父權體系。 | 強化性別平等教育、規範網路暴力、鼓勵女性發聲。 | 降低對女性的文化壓迫，創造更公平的公共討論空間。 |
| 女性經驗是否被納入主流歷史與文化記憶？ | 女性長期被排除在歷史敘述之外，經驗未被記錄或理解。 | 鼓勵女性書寫、出版女性史料、推動性別導向教育。 | 重構歷史中的女性位置，讓歷史敘事更完整與包容。 |

## 結語

　　在《自己的房間》中，吳爾芙不只是為女性爭取一張書桌與一扇門的權利，更揭開了整個社會如何透過空間、金錢與語言，長期壓抑女性書寫與思考的能力。她所提出的問題，不止屬於 1929 年的英國，也不止於文學，而是關於歷史、關於現實，關於一種如何存在於世界的方式。當我們把這本書帶入台灣當代，會發現那間屬於「她」的房間，至今仍不完全屬於她。許多女性依然在沉默與忙碌之間掙扎，試圖在日常的縫隙中為自己留下一點思想與表達的空間。而我們所能做的，或許正是繼續書寫——書寫那些被遮蔽的故事、未竟的聲音，直到那間房間，不再只是奢侈的象徵，而是每個女性都可以自然進入、自在生活的所在。

| 思維 | 公民 | 人文 | 自然 | 資訊 | 科學 |
|------|------|------|------|------|------|
| 美學 | 倫理 | 社會 | 科技 | 創意 | 宏觀 |

# 被困在螢幕裡的童年

書名：失控的焦慮世代：手機餵養的世代，如何面對心理疾病的瘟疫
作者：強納森・海德特
版本：網路與書出版(2024)
撰文者：張瑀蕎

## 導讀

　　作者強納森・海德特於 1992 年取得賓州大學社會心理學博士學位，曾在美國維吉尼亞大學任教十六年，現為紐約大學史登商學院湯瑪斯.庫利倫理領導學教授，道德與政治心理學為他的研究重點。

　　2010 年代開始，青少年精神及心理健康急遽惡化，憂鬱症、焦慮症、自我傷害及自殺的比例急遽上升並且成為全球化現象。本書中，社會心理學家海德特探討以玩耍為主的童年逐漸沒落、以手機為主的童年抬頭的趨勢，並且歸納出為什麼智慧型手機、社群媒體、大型科技會成為全世界青少年心理健康崩潰的主要原因。另本書也指出為了讓孩童有更健康的童年，政府、科技公司、學校以及父母可以做些什麼。

## 細看名著

### 「內化行障礙」

自 2010 年後,青少年出現焦慮、憂鬱、自殘與自殺行為的比率急遽上升(尤其發生在女孩身上),這些即屬於所謂的「內化行為障礙」。與外向攻擊行為不同,這些問題通常更隱晦卻更具毀滅性。書中強調,社群媒體的普及與演算法推薦機制,使青少年長期處於他人評價的壓力下,尤其是對自我形象與人際關係高度敏感的青春期女孩更容易受到影響。另外,資訊過量、標準異化(如完美身材、理想生活)也會造成嚴重的心理負荷,使他們更容易內化負面情緒,逐漸失去自信、自尊與心理韌性。

### 「童年大重塑」

作者稱 2010 年之後為「童年的大重塑」時期,主因是智慧型手機和網路文化徹底改變了孩子成長的方式。從自由探索、與同儕實體互動的童年,轉為以螢幕為主、在虛擬空間中度過的童年。這種轉變不只是工具上的差異,更深層地重構了兒童的大腦發展、社會技能與情緒管理能力。他指出,孩子從小失去了「風險中學習」的空間,也因為父母的過度保護與過度監控,缺乏面對困難與挫折的訓練。造成的結果是一個脆弱但過度警覺的世代,在面對壓力時更容易崩潰。

### 「探索模式與防禦模式」

作者認為,兒童在自然成長環境中應處於「探索模式」,也就是主動學習、好奇、冒險以及與人

互動。但現代兒童越來越常處於「防禦模式」，即處於焦慮、退縮、避免錯誤的狀態。他認為，手機和社群媒體讓孩子不斷受到評價與比較，自然轉向防禦模式，這也解釋了為什麼現今的孩子更焦慮、容易退縮，甚至習慣逃避真實世界的挑戰。孩子需要更多無壓力、無監控的環境來重新啟動「探索模式」，發展出更完整的自我與心理韌性。

### 「以手機為主的童年造成的四種根本性傷害」

手機和社群媒體對兒童與青少年的心理健康造成四種深遠影響：（1）社交障礙：虛擬互動取代實體互動，導致社交技巧退化與孤立感上升。（2）睡眠剝奪：長時間盯著螢幕導致作息延後、睡眠品質下降，影響情緒與學習力。（3）注意力碎片化：不斷跳動的通知與短影音文化讓專注力越來越難維持。（4）上癮：社群平台設計本身即強化回饋與黏著度，使兒童難以自我控制。開發這些應用程式的人運用心理學家工具箱內的所有技巧，勾住使用者的注意力不放，就像吃角子老虎牢牢勾住賭徒，讓他們難以脫鉤。這四大影響交互作用，從根本上侵蝕了兒童發展的基礎，使他們面對未來更脆弱。

### 「政府與科技公司、學校、父母可以為了孩童更健康的童年做些什麼」

文中所提及，政府應立法規範社群媒體的最低使用年齡與演算法設計；科技公司應對產品的心理健康影響負責，並重新思考設計邏輯；學校應推行無手機校園政策，讓學生重新學習專注與人際互動；而父母應延後孩子接觸手機與社群的年齡，並提供

更多自由遊戲與戶外活動的機會。

## 引經據典

1. 幸福不是消除生活中所有引起內心反應的「誘因」；實際上，幸福來自於學會因應這些外部誘因，讓他們不再具備挑你負面情緒的影響力。(P. 169)
2. 注意力是選擇專注在一項任務、一條思路、一條心路，即使有吸引人的岔路在召喚我們，也不為所動。(P. 88)
3. 安全至上主義指的是對「安全」的崇拜高於一切。這個做法之所以危險，是因為它讓孩子更難學會照顧自己，不懂如何因應風險、衝突和挫折。(P. 187)
4. 3C 螢幕在幾吋遠的地方會向視網膜發出高劑量的藍光，告訴大腦：「現在是早上!停止分泌退黑激素!」(P. 201)
5. 自我認同的發展過程中，一部分靠你如何成功融入群體，一部分靠你如何展現自己作為個體的價值。(P. 216)
6. 一樣東西的代價，是你用多少的生命去交換，不管是立刻或是長期的交換。(P. 239)
7. 單靠自己的力量，在多個「不需身體參與」的網絡中漂流，想要努力建構一個有意義的人生，是一件非常困難的事。(P. 304)
8. 一盎司的預防勝過一磅的治療。(P. 311)

## 思辨探索

1. 以玩耍為主的童年逐漸沒落、以手機為主的童年抬頭

　　以我的生活為例，印象中我小時候每天放學後就會到父母替我安排的課後安親班去，在那裡有許多和我相同年齡層的朋友們，我們在那邊會一起寫作業、一起複習功課，當然也會一起玩耍。而在我小時候手機似乎還沒有那麼的盛行，很少會有人把手機、3C 產品帶到學校去的狀況，所以我們休閒娛樂的時間只會和朋友們一起玩樂，無論是靜態的桌上型遊戲，或是到戶外去奔跑，都能讓我們度過愉快的課後時光；但現今我看到的卻是許多國小年紀的孩童，在這個正應當在戶外進行遊戲的年紀，卻都會待在一些連鎖餐飲店，或可能是其中某位同學的家中打電動，偶爾甚至會在路上看見小學一、二年級的孩子拿著與他們的手掌不成比例的 IPhone 邊走邊玩。另外在許多公眾場合，也能看見父母為了哄小朋友而讓他們盯著手機或是平板螢幕看，好讓自己能安靜一段時間。

2. 反思問題：3C 童年是否正在抹去「無聊」的教育功能？

　　我認為「無聊」是促進內在動機、自我對話與創意行為的前提。如果孩童總是用手機來填補空白，就會錯失主動創造與自我認識的機會。換言之，「無聊」原本應是一種能激發創造力與自主探索的成長契機，但當代的孩童幾乎不需要面對「無聊」

的時刻,因為手機、平板總能隨時提供消遣。3C產品娛樂豐富,能馬上吸引注意力與情緒安撫,但這卻會使孩子缺乏自主安排時間與活動的能力,不懂得面對無聊、沉澱或等待,長期地依賴外部刺激,使內在思考力下降。

家長育兒模式的不同,孩童需要有風險的遊戲,書中提及,當孩童進行有風險的遊戲時,可以幫助他們養成情緒調節的能力、建立自我的責任感以及增強身體與感官的全面發展。

我想以我自己和我父母小時候做對比。我父母小時候是在鄉下長大,常常能聽到他們訴說自己小時候只要空閒就會和鄰居到外面玩耍的回憶,好比說他們會去爬樹(偶爾會偷摘別人家的水果)、或是自製棒球與球棒來打棒球,抑或是出門去騎腳踏車時雙手放開追求刺激等等;而我是在都市長大的小孩,在我成長的過程中,我的父母會因為在新聞中看過些許「綁架、意外事故、陌生人危險」等相關案件而害怕讓我放假時到戶外去和朋友玩耍,所以我能和朋友進行遊戲的時間僅限於學校的下課時間以及前面所提到在課後安親班的時間,當然我們也常常會玩一些比較刺激且偶爾需要制定規則的遊戲,在玩樂的過程中也經常會發生碰撞與衝突,但比例與前者相較之下少了很多。另外也因為現今的教育競爭激烈,所以許多父母將課後時間用來安排補習、才藝班,而非放手讓孩子自由玩耍,認為這樣才是「投資未來」。

這樣的對比可以直接看出我和我父母的差別,相對於他們,我在獨立思考方面可能比較弱一點,

常常會想要依賴旁人或是工具的協助；解決衝突的方面也是，如果遇見衝突我或許會比較偏向逃避而非正面對決，因為我從小培養這些能力的機會都沒有他們來的多。如果到我這個世代已經是呈現這樣的狀況，那在我之後出生的孩子更不用說。

3. 反思問題：傳統鄉村童年經驗能否成為現代育兒的啟發？

　　現代社會是否過度拋棄了傳統「野放式」童年經驗中蘊藏的價值。從上述跨世代經驗比較切入，我認為傳統童年的自主性與創造力值得在我們這個世代重新挖掘。這樣的方式讓孩童參與自我創造的遊戲能促進創意思考、解決問題能力，強化人際互動，但相對的缺點是現代環境較複雜，模仿傳統童年的遊戲方式需要更加的謹慎與做適當的調整。

　　社群媒體對女孩的傷害大於男孩。原因:1.女孩更容易受到影像化的社會比較和完美主義影響。2.女孩的攻擊行為以人際關係為主。3.女孩更容易分享情緒和障礙。4.女孩更容易受到掠奪和騷擾。

　　手機為主的童年真正發生在我身上應該是從國中時期開始，當時雖然學校會禁止使用手機，但只要一放學大家就會立刻把手機拿出來，可能是查看訊息、瀏覽社群媒體、拍照，或是打電動。而以我本身為女生的經驗來看，我們通常都會拿來瀏覽 IG、FB，然後會和身邊朋友們自拍，隨後上傳到社群媒體的動態。但通常男生們都是拿來打遊戲，或者是放學就到球場去打球，不太會一直盯著社群媒體看。

　　而書中提到的四個讓社群媒體對女孩的傷害大

於男孩的原因，正恰巧都有發生在我身上過。我會因為在 IG 看見他人的精修照片或是他們分享的理想生活而產生自我否定或是焦慮，也會因為一則限時動態、一個不被邀請的聚會、一句酸言酸語而影響心情，同時也可能會收到陌生人的私訊而產生恐懼感，最重要的是會因為看到不管是身邊朋友或是陌生人在網路上訴說自己的煩惱、情緒困擾而使自己受到感染，強化了負面情緒、陷入反覆焦慮的循環中。

4. 反思問題：學校與家庭該如何共同面對女孩的社群焦慮？

當女孩受社群媒體影響情緒波動或人際關係困擾時，學校與家長往往手足無措，或許我們應該強調成人與孩子需要共同學習如何使用數位媒介，而非單方面限制或放任。但過度干預可能讓孩子產生防備心理，反而隱瞞使用狀況，我們應該強化親子溝通與教育連結，讓孩子在面臨網路困境時有求助管道。

| 問題焦點 | 問題思考 | 問題行動 | 問題結果 |
| --- | --- | --- | --- |
| 以玩耍為主的童年逐漸沒落、以手機為主的童年抬頭 | 3C 童年是否正在抹去「無聊」的教育功能？ | 應鼓勵孩子在「無聊」中自己尋找樂趣與方向 | 與其讓科技替孩子安排每一刻的注意力，讓孩子自己化解「無聊」，不只是磨練心理耐性，更是面對未 |

| 問題焦點 | 問題思考 | 問題行動 | 問題結果 |
|---|---|---|---|
|  |  |  | 來社會複雜性的生存技能。 |
| 家長育兒模式的不同，孩童需要有風險的遊戲 | 傳統鄉村童年經驗能否成為現代育兒的啟發？ | 讓孩童參與自我創造的遊戲促進創意思考、解決問題能力 | 不應盲目復古，但應取其精華，思考如何在現代架構中重新構築讓孩子「參與」、「創造」與「承擔」的童年空間。 |
| 社群媒體對女孩的傷害大於男孩 | 學校與家庭該如何共同面對女孩的社群焦慮？ | 成人與孩子共同學習如何使用數位媒介，並強化親子溝通與教育連結，讓孩子在面臨網路困境時有求助管道。 | 真正有效的數位教育，不只是教孩子怎麼用，而是陪孩子一起了解「為什麼用、用了之後會怎樣」，讓科技成為工具而非主宰。 |

## 總結

《失控的焦慮世代》指出，手機成為童年生活的主角後，孩子們正承受前所未有的心理壓力與發展困境。相較於過去自由奔跑、探索世界的童年，

如今的孩童多被限制在螢幕前，缺乏與現實互動的經驗，導致情緒調節與社交能力發展受阻。隨著智慧型手機普及，青少年心理疾病如焦慮、憂鬱、孤獨感的比例顯著上升，尤其對女生影響更為劇烈。此外，過度使用手機亦取代了有風險但必要的遊戲活動，使孩子失去學習冒險、面對挑戰與解決問題的機會。

　　面對這樣的狀況，我認為家庭與學校必須共同承擔起數位教育與生活引導的責任。家長應設立合理的使用界線，陪伴孩子發展非螢幕生活的樂趣，例如戶外遊戲與實體社交；學校則應將媒體素養與情緒教育納入課程，培養孩子批判思考與自我調節能力。唯有重建健康、平衡的童年樣貌，才能減緩這一代人日益失控的焦慮與孤立。

| 思維 | 公民 | 人文 | 自然 | 資訊 | 科學 |
|------|------|------|------|------|------|
| 美學 | 倫理 | 社會 | 科技 | 創意 | 宏觀 |

09

# 娛樂至死-毀滅將在歡笑中悄然降臨

書名：娛樂至死：追求表象、歡笑和激情的媒體時代
作者：尼爾・波茲曼
版本：貓頭鷹（2016增修版）
撰文者：陳珏羽

## 導讀

　　書中探討媒介對文化和思維模式的深遠影響。作者指出，從文字印刷時代轉向電子影像時代，公共話語由深度理性變成了淺層娛樂，最終導致社會在無意識中走向文化的空洞化與荒謬化。波茲曼以電視作為主要例子，批判現代社會將政治、宗教、新聞、教育等重要領域轉化為表演與娛樂，最終使民主精神和理性討論失去基礎。他引用赫胥黎的《美麗新世界》，認為我們正是被自己熱愛的娛樂毀滅，而不是像奧威爾《一九八四》那樣被外力奴役。

　　媒介不只是承載訊息的工具，它本身就是一種隱喻，會深刻塑造我們思考與感知世界的方式。印刷時代的人類能夠耐心閱讀、深度思考，而電視與新媒體時代的人們，則逐漸習慣於片段、感官刺激，

公共話語也逐漸變成表演、笑話與商品。

波茲曼並非全然否定娛樂的價值，而是警告當娛樂成為文化主軸時，嚴肅議題無法被正確討論，公民失去理性判斷力，民主與自由也將無聲崩解。閱讀本書，如同凝視一面預言之鏡。在今日社群媒體、短影音橫行的世界裡，波茲曼當年的警告，不僅依舊真實，甚至更加迫切。

## 細看名著

### 1. 媒介創造現實，而非僅傳遞現實

在沒有新聞媒介的世界裡，所謂「今日新聞」這種概念根本不存在。媒介不只是中立的管道，它本身「創造了」內容存在的條件和形式。電報、報紙、電視等工具，才讓人們可以跨越時間與空間即時接收信息，並將零散事件組織成「可消費的新聞」。**我們理解世界的方式，是由媒介技術所決定的，而非直接來自世界本身。**

在沒有媒體的年代，人們的日常知識多半建立在親身經驗與口耳相傳的交流上，所謂「全球發生什麼事」並不在他們的關注範圍之內。然而隨著電報技術的發展，資訊的時效性與距離被壓縮，報紙開始出現「國際新聞」、「頭條焦點」等板塊，逐漸形成「一天要知道什麼」的閱讀習慣。

電視與網路的出現更進一步加強了這種現實建構機制。觀眾每天接受到的資訊，不再來自對現實的深度參與，而是透過螢幕、平台與演算法所挑選出的內容。換言之，我們所「認識」的世界，並非實然存在的世界，而是媒介技術有意或無意建構出

的世界。

## 2. 媒介即隱喻，文化是建構出來的

文中提出，我們所知的大自然、智力、人類動機、意識型態等，都不是事物本身，而是通過語言和媒介「隱喻式地」建構出來的。語言是最原初的媒介，媒介帶有隱含的偏好與結構，這些偏好無形中界定了文化內容。**我們的文化、價值觀、知識體系，都是我們選擇的媒介隱喻所創造出來的結果。**

我們對「知識」的理解，在文字媒介中，是可以被紀錄、系統化、邏輯化的；而在影像媒介中，則往往被視為視覺上的直觀呈現、情緒的引發器、或是「吸睛的片段」。因此，在以電視或短影音為主的媒介文化中，能見度高、聲光效果強烈的資訊就佔據了話語權，即使它的內容深度遠低於一篇專業論文或新聞調查報導。

當語言形式轉向影像與聲音時，新的媒介「語法」也開始滲透並重新塑造我們的文化觀念與價值體系。在這樣的隱喻轉變下，我們的文化、道德、知識體系逐漸從「理性建構」轉向「感官表演」，這是一個深層但常被忽視的文化變遷。

## 3. 影像時代：電視將一切題材娛樂化

文中提到，電視機將原本應該嚴肅處理的議題（政治、新聞、宗教、教育等）全都轉化成娛樂表演。

**問題不在於電視播了什麼節目，而在於電視將所有事物都表現為娛樂**，無論是總統辯論還是戰爭

報導,都必須以輕鬆、有趣、吸睛的方式呈現,否則無法吸引觀眾停留。討論不再追求真理,而是追求注意力,內容不再追求理解深度,而是追求刺激與感官快感,公共話語的嚴肅性和意義被消解成娛樂消費品。

這種以娛樂為先的內容邏輯,使得嚴肅議題的深度與複雜性無法完整呈現。政治人物更重視形象與口號而非政策實質,新聞媒體關注畫面衝擊力與吸睛標題,而非事件真相或背景脈絡。教育節目為了收視率加入卡通角色與背景音樂,忽略了真正的教學核心。宗教儀式被包裝成華麗舞台劇,失去了信仰的靜謐與莊嚴。

這不只是「品味變差」的問題,而是一種公共話語嚴肅性的崩解。當所有議題都變成可以快速消費的娛樂商品,真理與意義也將在消費過程中逐漸淡化。

### 4. 媒介轉變導致認知方式的革命

從文字主導到影像主導的轉變,不只是傳播形式的變化,更徹底改變了人類思考與理解的方式。印刷文化培養的是線性、邏輯、分析、深度專注的思維模式;影像文化則培養了感官反射、短期興奮、碎片化理解。社會逐漸喪失批判性思考的能力,公民不再需要深度判斷,只需被動消費影像,教育、政治、宗教等重要制度被迫為了生存而迎合娛樂需求,人類認知與文化的整體質量正在下滑,而非單純媒體內容的優劣。

在印刷文化盛行的時代,人們習慣長篇閱讀、線性敘事與邏輯推理。閱讀一本書需要時間與專注,

理解文本需要批判性思考與內在想像力，這樣的過程有助於培養抽象思維與深度學習。然而，影像媒體所帶來的是即時性、感官性與碎片化。畫面切換迅速，情緒變化劇烈，觀眾不需要太多思考，只需「看懂」與「感受」。

這種轉變使得我們的認知能力產生退化。人們不再願意閱讀長文，轉而偏好短影音與懶人包；不再耐心深入理解一個議題的背景，而是透過標題與留言迅速判斷立場。這樣的文化環境導致社會整體失去深度討論與理性判斷的能力，而這正是民主與自由所必須依賴的精神基礎。

### 5. 娛樂至死

當一個社會把所有的注意力都集中在娛樂、即時快感與感官滿足之上，真理、思辨、信仰、理性、自由等傳統價值將逐漸失去位置。人們不再被壓迫，而是主動擁抱這種愉悅的麻醉劑，成為被操控而不自知的存在。

波茲曼寫道：「我們不是在哭喊中喪失自由，而是在歡笑中失去它。」這句話正映照著當代社會的處境。在社群媒體、網紅文化與娛樂至上的數位浪潮中，公民不再追求真相，而只渴望被取悅。自由的崩潰不會伴隨鐵血鎮壓，而是由無數個「好玩、好看、好笑」的片段悄然促成。

**人們將主動投降於感官刺激與輕鬆快感，放棄深思、批判、理性與自由意志，毀滅將在歡笑中悄然降臨**，而非在哭喊與抗爭中到來。

## 引經據典

1. 偽語境是一個文化被無聊、凌亂瑣事和無力感淹沒之後僅剩的慰籍(P.103)
2. 讓書中人物感到痛苦的,並不是他們用發笑來取代思考,而是他們不明白自己為甚麼笑,還有為甚麼不再思考。(P.206)
3. 科技只是機器;媒體則是機器製造出來的社會和理智環境。(P.112)
4. 我們會毀於自身所愛。(P.14)
5. 人們不是因為無知而變得無能,而是因為被娛樂麻痺。(P.126)
6. 人類文化的質量取決於其最重要媒介的質量。(P.38)
7. 我們的語言是媒體,媒體是我們的隱喻。我們隱喻創造我們的文化內涵。(P.33)
8. 今日新聞根本是科技幻想的虛構產物(P.24)

## 思辯探索

讀完這本書,不禁讓我想起我、我的親人與朋友每天滑手機的情景。資訊爆炸,每條訊息只用短短幾秒吸引注意力,標題黨、短影音充斥,我們越來越難長時間專注於一篇深入的報導或一本厚重的書。我也深刻體會到,人們在面對龐大資訊時變得疲倦與麻木,重視感官刺激多於理性探究,對「真理」失去耐心,波茲曼的擔憂早已成真。

但在某些小眾社群,例如書友會、深度閱讀圈,我看到仍有許多人在努力抗衡主流娛樂化的潮流。

他們用文字、對話、書寫，重新延續了「印刷文明」的精神火種。

我們得去思考：

媒介轉變是否必然導致文化淺薄？

是否有可能在娛樂與深度之間取得平衡？

我們該如何自處？

| 問題焦點 | 問題思考 | 問題行動 | 問題結果 |
|---|---|---|---|
| 資訊碎片化與專注力衰退 | 快速瀏覽使思考斷裂，無法進行深度反思 | 安排「無媒介閱讀時間」每天一小時 | 專注力明顯提升，批判性思考更容易啟動 |
| 政治娛樂化與公民理性流失 | 選舉變成形象戰與口號秀，政策辯論稀缺 | 追蹤獨立媒體、參與政策討論會議 | 提升自身作為理性公民的參與意識與能力 |
| 教育的淺層化與知識退化 | 教育為迎合市場而簡化內容，深度思考能力被削弱 | 加入閱讀俱樂部，討論原典與經典作品 | 深度學習能力增強，形成系統性知識架構 |
| 個人對抗「娛樂至死」 | 如何在娛樂主導的環境中保存理性思考 | 深度沉浸計畫，多閱讀長文、做長期專題研究 | 生活品質與精神自主性明顯改善 |

## 結語

《娛樂至死》不是單純對電視或現代媒介的批評，它其實是在提醒我們：媒介本身塑造了我們的認知方式。如果我們不自覺地被媒介牽引，最終失去的不只是文化的深度，而是作為自由個體的思考

與選擇能力。

　　這本書是一面鏡子,讓我們審視自己如何與資訊、娛樂、與媒介共處——最終決定我們是活得清醒,還是笑著走向毀滅。

| 思維 | 公民 | 人文 | 自然 | 資訊 | 科學 |
|---|---|---|---|---|---|
| 美學 | 倫理 | 社會 | 科技 | 創意 | 宏觀 |

10

# 誰的身體？誰的選擇？《第二性》中的我們與現在

書名：第二性
作者：西蒙・德・波娃
版本：貓頭鷹(2013)
撰文者：洪若耘

## 導讀

　　《第二性》是法國存在主義哲學家西蒙・德・波娃於 1949 年發表的經典著作，被視為女性主義思潮的奠基之作。波娃以哲學、歷史、生物學、心理學、文學等多重視角，分析女性在歷史中被建構為「他者」的過程，並提出「女人不是天生命定的，而是後天塑造出來的」這一劃時代的觀點。

　　波娃身為哲學家、小說家與社會評論家，她的思想深深植根於存在主義，但她同時也在《第二性》中超越了傳統存在主義，針對性別與身分進行全新的探索。本書不僅是學術鉅著，更是對日常生活與性別現實的深刻剖析。

　　在當代社會，即便女性已在多方面取得顯著成就，《第二性》的分析仍讓人反思我們是否真的脫離了性別不平等的根源。這本書至今依然充滿現實

意義,值得現代讀者細讀與省思。

## 細看名著

### 一、女性作為「他者」的概念

波娃指出,男性在人類歷史中自詡為普遍主體,而女性則被定義為相對的存在,是「例外」、「不完整的存在」,而將女性視為「他者」。女性不是一個自主的存在,而是依附於男性而被定義。這種「他者化」的過程,讓女性難以建立自我認同,女性的他者地位既是被動接受,也是因缺乏集體反抗的力量所致。這不僅是性別問題,更是哲學對主體性思考的突破。

### 二、生理差異與社會建構的界線

她批判了將生理差異等同於社會不平等的邏輯,揭示了性別角色的歷史與文化建構性。波娃強調,雖然女性的身體確實與男性不同,但將這種「差異」轉譯為「劣勢」是社會與文化的選擇,而非自然法則。她逐一檢視了從生物學到精神分析對女性的描繪,批判這些理論如何強化父權權力。

### 三、童年的社會訓練:女孩如何學會被動

在書中關於「成長歷程」的章節中,波娃描寫了女孩從童年如何逐漸接受社會加諸其上的性別規訓。女孩被禁止冒險、被訓練去取悅他人、被鼓勵扮演母親與妻子的角色,進而內化「我是被看見的」而非「我在觀看」的姿態。她認為,這種教育不是養成,而是馴化。這一觀察對今日的教育與育兒仍

具深刻警示。

### 四、女性情感與性愛的困境

波娃揭示女性在性愛與情感上的處境充滿矛盾。她批評文學與社會對女性愛情的浪漫化，其實掩蓋了「為愛而生」的命題下的服從與失衡。女性在關係中往往將對方理想化、捨棄自我，只為成為「他所愛的女人」。波娃既理解這樣的心理，也痛斥這樣的結構如何奪走女性的自我完成。

### 五、「母親」的雙重身分

在《第二性》中，波娃以異常細膩的筆觸描寫母親這一角色。她指出，母職雖然看似神聖，但往往被制度化地神格化、去個人化，使女性的存在被綁定在「子宮職責」上。對某些女性來說，成為母親是一種確認存在價值的方式，但在社會架構中，這往往伴隨著「犧牲」、「自我抹除」與「永久責任」的無限延伸。波娃強調：女性必須有成為母親的自由，也必須有不當母親的自由，否則「母性」只是另一種優雅的牢籠。

### 六、走向解放的可能

雖然本書深刻描寫了女性受壓迫的情況，波娃並未失去希望。她認為女性要成為自由的存在，須透過工作、經濟獨立與意識覺醒，參與公共領域，主動建構自我。

## 引經據典

書中有許多令人印象深刻的語句，以下列出十

句,皆為《第二性》中的關鍵思想:
1. 「身體並不足以界定女人;只有意識透過行動在社會群體之中實踐,才有所謂經歷過的真實存有。」—p. 111
2. 「真理、美、詩,女人是「萬有」:再一次以他者的面貌來表現,女人是「萬有」,但偏偏就不是她自己。」—p. 433
3. 「女人受到的最大障礙是,社會讓女人變得愚蠢的教養;壓迫者總是竭力貶抑受到他們壓迫的人;男人為了自身的利益剝奪了女人的各種可能性。」—p. 435
4. 「做個對自己的處境茫然無所知的奴隸,一定遠比為了自由解放而奮鬥來得輕鬆舒適,正如死人總是比活人更能順應大地。」—p. 469
5. 「我們寄望的是,男人毫無保留接受女人正在轉變中的處境;只有這樣,女人才能安然而沒有痛苦的處於這個新的境況。」—p. 469
6. 「同性戀並不是性變態,也不是命中注定的厄運。它是『在某種處境下所做的抉擇』,也就是說這既是動機強烈的抉擇,又是自由的抉擇。」—p. 704
7. 「男人首先是公民、是生產者,其次才是丈夫;而女人則主要是妻子,而且這往往是她唯一的身分;她的工作無法讓她擺脫自己的景況」—p. 772
8. 「如果說男人壓迫女人,做丈夫的會大為憤慨,他認為受壓迫的是他;他的確是受到壓迫,但問題是,目前社會的所有規章都是男人為男人制訂

的，整個社會是由男人基於自己的利益建立起來，並將女人置於目前的處境中，而這使得男女兩性都受困，同樣遭受痛苦。」—p. 825
9. 「女人之所以處處要依靠男人，是因為她無法靠自己。男人在讓女人解放的同時（也就是說讓她在這世界上有事可做），也解放了他自己。」—p. 825
10. 「我們可以欣賞花卉之美，也可以欣賞女性魅力，看重它們真正的價值；但是如果所謂女性魅力的神奇寶藏是要以鮮血、不幸來換取，就要捨得做犧牲。」—p. 1185

## 思辨探索

　　《第二性》不只是一部學術著作，更是引導我們反思日常生活與性別結構的鏡子。其出版逾七十年，但書中對性別、身體、愛情與社會角色的觀察仍與今日社會密切相關。波娃的筆鋒深深切入我們今日生活的矛盾與張力。以下四點思辨對照我的生活經驗與當代時事，展開反思，並在最後以表格方式統整：

### 1. 身體是否依舊是政治？

　　2025年台灣大港開唱音樂節上，嘻哈歌手楊舒雅在舞台上喊出：「女人是政治、身體是政治、身份也是政治。」引起強烈回響與爭議。這句話幾乎可以作為《第二性》的當代表述。波娃認為，女性的身體從來不是「中性」的，它被國家管理（如墮胎法）、被商業剝削（如時尚與美容）、被文化神

聖化（如母職），女性甚至無法「自然地」擁有自己的身體。楊舒雅的話讓我們重新看見，《第二性》的批判依然活生生地存在舞台與現實之間，而且這句話在現今依舊能引起大眾譁然、批評，我想這也顯示在台灣，大眾依然缺乏意識女性的性別處境。

### 2. 愛的代價與失衡的關係

在家庭或戀愛關係中，女性常被期待是情緒的照護者。這種「被需要」的角色，容易讓女性失去自我，也讓關係成為負擔。在閱讀波娃對愛情的分析時，我驚覺許多現代女性仍活在「以愛為生」的壓力中。從社群媒體、影視劇到親友建議，女性常被鼓勵「經營感情」與「調整自己」，但少有人鼓勵女性「愛自己」或「放棄無效關係」。波娃提醒我們，愛不是問題，問題是：你是否因此失去了成為自己的權利？

### 3. 母親不是天職，而是選擇

作為成長於亞洲社會的一員，我從小便看到許多女性視生兒育女為理所當然。波娃挑戰了這個「自然本能」的迷思，她筆下的母親，有些獨裁，有些焦慮，有些被壓榨。她指出：「母親的角色被理想化的同時，也掩蓋了對她的社會壓迫。」她對「母性崇拜」的批判，不是反對當母親的價值，而是指出當母職變成一種義務、命運甚至美德，便會使女性失去選擇的空間。

這一點在當代尤其鮮明。2022 年，美國最高法院推翻「羅訴韋德案」，將墮胎權限下放各州，引發全球關注。許多州迅速實施嚴格的墮胎禁令，等

同於剝奪女性對自身身體的主控權。波娃在《第二性》中曾警告，當一個社會將生育視為女性的「天職」，她們的身體便不再屬於自己。今日美國的情勢正是這段話的實證。女性被迫懷胎生子，無視其生活處境、身心狀況與意願，母職不再是出於愛的選擇，而是權力的懲罰。

這種來自法律與意識形態的雙重壓迫，提醒我們：女性的身體不只是醫療與倫理的議題，更是民主與人權的核心。如果我們不能捍衛女性「不成為母親」的自由，那麼「成為母親」也不過是另一種被決定的命運。

## 4. 自由是否真能平等實現？

波娃在書末指出，真正的女性解放，不只是制度上的平權，而是主體的覺醒與社會的集體轉型。但在現實生活中，即使法律保障平權，女性仍面對許多「選擇但無選擇」的困境。例如職場升遷與生育權的衝突、婚姻與經濟安全的交換、自由與安全的權衡。自由並非單方面的贈與，而是與社會結構的角力過程。

| 問題焦點 | 問題思考 | 問題行動 | 問題結果 |
|---|---|---|---|
| 女性身體的政治性 | 身體是否屬於個人，還是被社會、文化、法律界定？ | 支持女性自主決定的法案與發聲空間 | 更高的性別意識與公共討論參與 |
| 愛情與自我之間的取捨 | 我是否在一段關係中失去了自己？ | 練習設立界線，保有個人目標與時間 | 更健康平衡的親密關係 |

| 問題焦點 | 問題思考 | 問題行動 | 問題結果 |
|---|---|---|---|
| 母職的自由與壓力 | 社會是否尊重女性選擇「不成為母親」？ | 尊重每個人的生育選擇，推動制度性托育及墮胎政策改革 | 減少對母親角色的神話與壓迫 |
| 表面平權與結構限制 | 為何法律上的平等，無法消除實際生活中的不對等？ | 持續揭露制度性不公、推動性別主流化的公共政策 | 更多面向的社會支持結構，讓女性能真正實現自主與自由 |

## 結語

《第二性》是一面鏡子，也是一把刀，它迫使我們正視那些長久以來被視為「理所當然」的性別規範，也鼓勵我們劃開這些框架，為自己開創新的定義。波娃的思想，不僅關乎女性，更關乎所有渴望自由與平等的現代人，女性從來不是一種生理分類，而是一場社會工程；而自由，也不是等著某天降臨的權利，而是日常中不斷抗爭與選擇的結果。楊舒雅在舞台上所吶喊的，不只是口號，而是一代又一代女性從波娃以來仍在追問的命題：我們的身體、我們的聲音、我們的身份，真的屬於我們嗎？

| 思維 | 公民 | 人文 | 自然 | 資訊 | 科學 |
|---|---|---|---|---|---|
| 美學 | 倫理 | 社會 | 科技 | 創意 | 宏觀 |

# 11

# 被製造的自由：當共識不是你，而是他們要的你

書名：製造共識【媒體政治經濟學】：政府、傳媒與廣告商，如何把偏見灌進「你」的腦裡，打造「他們」要的共識？
作者：艾華・S・赫曼、諾姆・杭士基
版本：野人(2021)
撰文者：羅家葳

## 導讀

本書描述了政府、媒體、廣告商與企業財團如何聯手操控新聞的生產與傳播，將特定偏見灌進大眾腦中，製造出一種「被動接受」、「貌似中立」卻實為操弄的「共識」。我們每天看到的新聞，其實早已被層層篩選過。從誰是受害者、誰的聲音被放大，到哪種制度才叫「真民主」，都透露出一套意識形態邏輯。究竟，我們所認知的世界，真的是出於自由意志所認識的世界嗎？

艾華・S・赫曼：美國知名經濟學者與媒體學者，專長於媒體政治經濟學與傳播批判。主張美國媒體深受資本與政府利益操縱。

諾姆・杭士基：美國語言學家、政治哲學家，

被譽為當代最重要的公共知識分子之一。他的語言學理論改變了 20 世紀語言學發展,而他的政治評論則對美國帝國主義與資本主義進行長期深入的批判。

## 細看名著

### 五層過濾器機制:新聞不是「發生什麼」,而是「誰決定什麼能被說」

「五層過濾器」的宣傳模型指出:新聞內容會在進入閱聽大眾之前,先被五個機制過濾,一是媒體所有權,大型媒體幾乎都屬於財團或跨國企業;二是營利驅動,廣告商的金援決定哪些新聞能見光;三是新聞來源依賴權力機構,如政府、軍方或大型企業;四是意見反制機制,像是輿論壓力或利益團體的攻擊;五是意識形態框架,特定政治立場或敵我分類(如反共、親美)。這五層濾網讓媒體失去「中立」與「監督」的本能,反而成為替權力說話的工具。

### 媒體作為意識形態再生產的機器,而非獨立的「第四權」

傳統上,媒體被期待扮演制衡政府與資本的「第四權」,但書中指出這種期待在商業媒體結構下根本不可能實現。主流媒體與政經權力往往是共生結構,媒體不但不揭露真相,反而與政府協力宣傳戰爭正當性、打壓異議、合理化壓迫。尤其在冷戰期間,美國媒體扮演著高度政治化的角色,透過選擇性報導塑造「民主對抗極權」的道德神話,而

非真實呈現國際局勢的複雜樣貌。

## 操弄「受害者形象」：誰值得同情，由媒體決定

媒體會根據「敵我立場」決定是否報導某個受害者的苦難。當某地的受害者符合美國地緣政治利益（如反共政權遭受迫害），媒體會大幅報導、煽情渲染；但若是美方盟友發動攻擊導致平民死傷，媒體則選擇忽略或模糊化敘事。這不只是雙重標準，更是透過「誰的生命有價值」的劃分，來強化既定的政治敘事，讓閱聽人不自覺地接受了「選擇性同情」。

## 操控語言＝操控現實：民主與獨裁的定義浮動

書中指出，美國媒體會依據國家立場重新定義制度性標籤。同樣是選舉，如果發生在親美盟友手上，即便有不公不義（如軍事介入、媒體壟斷），也會被定義為「轉型中的民主」；而若是敵對國家進行選舉，即便程序正當，也會被質疑為「虛假的民主秀」。這種操作不僅限於新聞報導，也延伸至文化產業、電影、外交詞彙，形成一套「話語霸權」結構。或許，語言不是描述世界，而是創造世界的工具。

## 假新聞並非當代才有，而是體制化的「選擇性真實」

許多人認為「假新聞」是社群媒體與網路時代的新問題，但本書早在數十年前，大型媒體早已透過選擇性報導、刻意忽略與語意操控，建構出一種「體制內假新聞」。它們不是用虛構的資訊欺騙大眾，而是用「局部真實掩蓋整體真相」，讓人以為

自己得到的是全貌,實則只是經過篩選與剪裁的片段資訊。這種「不說謊、但說得不全」的新聞方式,更具欺騙性與影響力,也更容易讓閱聽者「安心地被催眠」,誤以為自己做出了理性判斷。

## 引經據典

1. 媒體的功能,就是動員大家支持主導國家與私人行動的特殊利益。(P. 52)
2. 一個一心尋求真相的謹慎讀者,要是夠用心、能存疑,那麼,有時便得以找出事實。(P. 56)
3. 就是因為媒體那自由主義式與政府對抗的敵意,才讓我們難以凝聚支持,擁護國家近來投入的反革命干涉行動。(P. 94)
4. 政治宣傳模式預期,就連那些戲劇性十足而且駭人聽聞的謀殺案,也會被大眾媒體低調處理,快速淡化。(P. 144)
5. 即使美國的大眾媒體自我呈現了對抗所謂恐怖主義的正義形象,但是他們實際上的功能,就是忠誠的恐怖主義代理人。(P. 203)
6. 革命運動的根本力量來源,是他提出的建設性計畫所具備的吸引力。(P. 249)
7. 媒體傾向信賴官方的聲明,卻不知曉官方內部的評估為何。(P. 289)
8. 社會大眾,是受到上層藉由媒體高度篩選與迴避不提之訊息所管控並動員的(P. 366)

## 思辯探索

　　在台灣，當某些議題或社會事件發生時，不同新聞媒體會根據立場呈現截然不同的敘事角度。例如，某次國會衝突事件，有些媒體用「民主對抗」、「捍衛制度」來形容抗議方，有些則用「暴民」、「鬧場」來報導。明明是同一件事，卻有完全不同的詮釋方式。那麼，所謂的「真相」是否早已被操控於話語權者手中？

　　我曾認為，社群媒體可以打破傳統媒體的操控或壟斷，但實際上，Facebook、Instagram、YouTube 也有演算法主導的「過濾泡泡」，讓我們只接收到與自身觀點相近的資訊。這其實延續了《製造共識》所提的「選擇性曝光」與「強化偏見」問題，只是平台從傳統報社轉變為演算法驅動的科技。網路社群成為新的媒體霸權延伸，而非真正的「解放媒體」。而所謂「資訊自由」可能只是另一種形式的操控。

　　或許我們對新聞內容的信任度下降，但仍依賴從媒體獲取資訊。儘管我們逐漸意識到媒體有偏見及選擇性，但生活中我們依然會每天打開新聞或滑社群，看看這世界發生了什麼。這種矛盾心理——既質疑又依賴——正好呼應書中所說的「媒體控制你認知世界的方式」。是不是我並沒有比別人更自由思考，而只是從另一種「媒體設計」中獲得資訊？

　　從小到大的學習歷程，許多課程與教材往往強調特定觀點，例如「進步」、「民主」、「自由」等價值都被當作理所當然，但卻很少引導學生去反

思其背後的歷史脈絡或價值衝突。舉例來說，在公民課本中，台灣的民主發展被描繪為理性、線性、持續進步的過程，但卻鮮少提及過程中被壓制的異議聲音或社會運動的真正起源。或許，即使是在學校這樣強調「知識」與「思辨」的地方，某種形式的意識形態輸出仍然存在。我們是否也被教育制度「選擇性過濾」了對世界的認識？而這種教育，是否就是赫曼與杭士基所說的「製造共識」的一部分？

| 問題焦點 | 問題思考 | 問題行動 | 問題結果 |
|---|---|---|---|
| 媒體選擇性報導是否操縱我們的觀點？ | 新聞畫面與文字敘事明顯有立場，是否我們的情緒也被這些選擇所左右？ | 多看不同立場媒體的報導，學會比較與查核資訊。 | 開始養成多元閱聽的習慣，不再被單一新聞影響判斷。 |
| 社群媒體是否真的打破資訊壟斷？ | 社群平台雖然開放，卻也透過演算法讓我們困在同溫層。 | 主動追蹤或開始關注不同立場的帳號。 | 慢慢跳脫同溫層，看見更多不同觀點。 |
| 我們真的能「自由思考」嗎？ | 即使知道媒體有問題，但我們還是得靠媒體獲取資訊。而這是不是只是換了一種被操控的方式？ | 提升自我判斷與多方查證能力，並鍛鍊批判性思維。 | 增強媒體識讀能力，學會在懷疑中建立思考。 |
| 教育制度是否也在「過 | 教材與課程內容是否也 | 開始主動了解課本外的 | 理解到教育也是一種政 |

| 問題焦點 | 問題思考 | 問題行動 | 問題結果 |
|---|---|---|---|
| 濾」我們的認知？ | 呈現了偏頗、單一的價值觀？ | 觀點與歷史，例如閱讀文獻、聽不同立場的人說話。 | 治，知識具有方向性，學習者需具備主動批判與反思能力。 |

## 結語

讀完《製造共識》，我不再把新聞當作中立的事實、也不再輕易相信「風向」的自然形成。赫曼與杭士基讓我看見，所謂的「共識」，往往不是全民理性討論後的結果，而是政府、媒體與資本共同塑造的認知產物。我們每天以為自己在「自由地」判斷，但其實早已走進他人設下的認知陷阱。

這本書提醒我們：資訊的自由不等於思想的自由，唯有保有質疑的能力、反覆驗證來源與觀點，我們才有可能掙脫被製造的共識，真正地「做自己」。這不只是一本媒體批判的經典，更是這個世代每位公民都必修的「公民思辨課」。

| 思維 | 公民 | 人文 | 自然 | 資訊 | 科學 |
| --- | --- | --- | --- | --- | --- |
| 美學 | 倫理 | 社會 | 科技 | 創意 | 宏觀 |

# 從雲端佃農到數位覺醒

書名：雲端封建時代：串流平台與社群媒體背後的經濟學
作者：雅尼斯・瓦魯法克斯(Yanis Varoufakis)
版本：衛城出版（2024年版）
撰文者：何敏暄

## 導讀

　　本書作者雅尼斯・瓦魯法克斯為希臘前財政部長，同時也是 21 世紀極具影響力的政治經濟學家之一。成長於左派思潮的時代背景下，作者的父親始終堅信，資本主義終將被社會主義取代。

　　在這本書中，瓦魯法克斯以與已故父親對話的語氣，結合自身經歷、希臘神話與歷史事件，探討科技發展的矛盾面向以及資本主義下的權力運作。他藉由父親對科技與資本主義未來的疑問，與母親在不同職場環境中的真實體驗，呈現科技進步所帶來的二元性影響。

　　多數人普遍認為網際網路是一個去中心化、自由且開放的空間，但作者在書中提出了截然不同的觀點。他認為，當前的數位世界其實已被少數掌握權力者壟斷，形成類似現代封建社會。那些人支配

著我們的數位生產、交易及言論。他以封建社會的結構作比喻，指出今日的數位平台並非真正的自由市場，而是類似於封建領地般的經濟單位。平台掌握且制定規則，而以平台賴以維生的用戶與創作者則如同在領主保護下生活的「農奴」與「工匠」，在受限的框架中進行生產、交易與表達。

## 細看名著

### 雲端資本主義是資本主義的新形態。

現代資本主義不再只是工廠與金融，而是轉向以資料與注意力為核心的「雲端經濟」。

科技封建主義的興起－新圈地運動，平台就是新的領主。平台（如Google、Facebook）像是領主，用戶像「佃農」與「工匠」，生活與創作都仰賴平台規則，在看似自由中實則被控制，類似中世紀的「數位封建制度」。

### 演算法操控與民主危機。

在資訊透明的表面下，是對資訊流的高度控制。演算法決定了我們看見什麼、相信什麼，同時也削弱了對民主基礎以及公共討論的空間。

### 科技封建是如何影響全球。

雲端資本的崛起及壯大得益於國家政策及忽略、加劇社會不平等，雲端佃農的產出未獲得應有的回報，也導致很多原本傳統工作崗位因科技封建主義而漸漸消失。

世界正分裂成兩個對立的雲端領主--美國和中

國。

**反抗：雲端動員(Cloud Mobilization)及思想主權。**

　　作為一個網路世界的公民，每個人都有義務去了解科技進步後帶來的結構變化。當科技變質成非中立的工具，奪回雲端資本是必要的，讓人們能夠保有自己的思想，爭取數據主權。

## 引經據典

1. 資本主義之於人類就像水之於魚：人們甚至沒有注意到它的存在，是它為某種無形的、不可替代的、自然的天空，而我們悠遊於其中。(36/194)
2. 資本主義的秘密就是：員工的汗水、努力、靈感、善意、關懷和淚水是無法商品化的，但正是這些東西為商品注入交換價值，再由雇主將商品賣給熱切的顧客。(30/194)
3. 我們大量產生的渴望越是如願以償，我們感受到的滿足反而越來越少。(53/194)
4. 資本的一種性質是有形且物質性的，可以顯著提升生產力，但資本的第二個性質則是一種妙不可言的力量:指揮他人的力量。(62/194)
5. 網路確實是資本主義的致命弱點：資本主義催生了數位網路科技，並因此獲得報應。(39/194)
6. 相對於真實的人，我們更容易受我們知道是無意識的演算法傷害，因為我們更容易被一種虛假的安全感迷惑。(72/194)
7. 和平顯然是此一發展的犧牲品，但並非唯一的犧牲品：考慮到太平洋兩岸極少數雲端資本家掌握

的權力規模與性質,真正的民主似乎越來越遙不可及。(133/194)
8. 在數位封建的世界哩,我們會因為在認同和關注上經歷了挫折和焦慮而變得更加偏執,這是我們的情感補償。(141/194)
9. 打從他們踏入網路世界那一刻起,他們就像動凡達那樣受到兩種令人困惑且相互矛盾的要求困擾:他們被暗示要把自己當成一個品牌經營,而他人根據這個品牌的真實性來判斷品牌的好壞。(140/194)

## 思辨探索

### 一、科技真的帶來社會進步?

　　人們對於科技的不斷進步總是抱持著樂觀態度,我也不例外。從智慧型手機、社群媒體到人工智慧,我們彷彿已習慣將「科技進步」與「人類福祉」劃上等號。然而,閱讀《雲端封建時代》後,我開始重新檢視這種觀念。科技本身其實是中性的,它既沒有善惡,也沒有立場,它只是個工具,關鍵在於它掌握在誰的手中,以及被用來達成什麼目的。當科技落入少數掌握權力的資本家、企業或政府手中,它便可能成為一種新型態的剝削與控制工具。透過數據蒐集、演算法操作與平台規則,我們的生活習慣、言論甚至思想都可能在不知不覺中被操控。科技讓我們以為獲得便利、自由,實則逐步喪失了隱私與選擇權。這樣的反思讓我意識到,與其盲目擁抱每一波科技浪潮,不如學會用更警覺與負責任的

態度去看待它。未來我希望自己能更有意識地選擇使用科技的方式，不再只是被動的接受者，而是能主動做出選擇與判斷的使用者。

## 二、科技封建下的平台壟斷

　　作者以「科技封建主義」一詞來描述現在資本主義的新型態，點出如今掌握科技與數據的資本家如同過去的封建領主，不再依靠實體的土地與商品進行統治，而是透過對雲端資訊、使用者數據與演算法的掌控，建立起新型態的階級結構。平台如 Instagram、YouTube、Threads 等，表面上標榜「去中心化」與創作自由，但實際上，它們擁有自己的推送機制與演算法，決定了哪些內容能被看見、哪些主題被壓抑。

　　我認為這是一種「平台壟斷」的表現。即便每個人都可以發言，但平台設下的演算法規則，實質上限制了言論的可見度。創作者為了獲取流量與關注，往往被迫迎合演算法的偏好，逐漸喪失原創性與多樣性，導致內容愈發同質化。

## 三、數據與自主的交換：無形的剝奪

　　在數位平台的運作下，平台受益於這些用戶的資訊，用戶成為了「雲端佃農」，我們每日滑動、點擊、上傳，看似自由創作與互動，實則是在無償提供數據與注意力，供平台分析、利用，進而累積商業利益。創作者的創意與時間，最後都轉化為平台的資本。我曾經也試著經營自媒體，初衷跟曾經聽過的演講者相同，為了分享自己的喜好，表達且找到同樣愛好的同溫層。但隨著演算法不斷調整，

創作開始被數據綁架。我得迎合觀眾偏好、追求觀看次數，漸漸地創作變得機械、壓力與日俱增。這段經驗讓我清楚意識到，看似民主開放的平台，其實設下了無形框架，引導著我們的內容與行為，甚至影響價值觀的形成。

更值得反思的是，這些數據反過來預測與控制我們，推送我們「可能喜歡」的內容，使人漸漸失去主動探索的動力與空間。當資訊由平台決定呈現什麼給我們，便利與效率的背後，交換的是我們對未知的好奇與思考的自由。科技進步本應服務人類，然而在數據成為資本的時代，自主性卻正悄悄地被剝奪。

### 四、擺脫雲端佃農及對抗雲端封建

本書作者並未一味地批判，他也提到了「雲端動員」的概念，作為對抗數位封建主義的一種可能路徑。這種動員不再是個體被動地接受科技規則，而是使用者有意識地結合自身經驗、集體行動與數位素養，共同建立更民主、公平與開放的數位生態。雖然沒有提起更明確的行為，但書中前面篇章的內容，已經足夠讓我反思到目前科技對我的影響，同時也從認知到自己是無償且無意識的狀態下提供雲端資本家生產的「原料」－平台的演算法及用戶產出。我認為唯有集體覺醒與持續反思，才可能真正擺脫「雲端佃農」的角色，也只有這樣才能讓自己擁有屬於自己的勞動，如：發布於網路上的文章。

| 問題焦點 | 問題思考 | 問題行動 | 問題結果 |
|---|---|---|---|
| 科技進步和社會進步呈正向關。 | 科技本身中性，進步未必代表社會公平。 | 反思自己對科技的使用習慣與依賴程度。 | 意識到科技不一定等於進步，學會質疑與選擇背後的邏輯與權力結構。 |
| 科技封建下的平台壟斷。 | 難以突破擁有資訊資本的平台所製造出的演算法及規則。 | 服從於演算法，跟風發熱門內容以製造話題。 | 用戶如農奴般被規則限制。 |
| 數據與自主性的交換。 | 平台收集用戶數據，推播內容反過來操控行為。 | 接收資訊而非主動探索，逐漸失去選擇能力。 | 滿足了便利，卻失去了思辨與主動性。 |
| 擺脫雲端佃農與反抗封建平台。 | 了解「雲端動員」概念，尋求數位自覺與集體力量。 | 意識到平台的運作以及自己為協作者而非無償的勞動提供者， | 找回部分數位主權，培養獨立思考與選擇的能力。 |

| 思維 | 公民 | 人文 | 自然 | 資訊 | 科學 |
| --- | --- | --- | --- | --- | --- |
| 美學 | 倫理 | 社會 | 科技 | 創意 | 宏觀 |

# 注意力商人：他們如何操弄人心？揭密媒體、廣告、群眾的角力戰

書名：注意力商人：他們如何操弄人心？揭密媒
　　　體、廣告、群眾的角力戰
作者：吳修銘
版本：天下雜誌
撰文者：林建卓

## 導讀

### 一、書籍簡介

　　《注意力商人》探討了「注意力」是如何被媒體和科技公司當成商品來販賣的。從報紙、廣播、電視到現今的社群媒體，這些平台都用免費內容吸引我們，把我們的注意力賣給廣告商。書中說明這個過程如何影響我們的生活、思考與社會。

### 二、作者介紹

　　吳修銘是哥倫比亞大學的法學教授，也是一位媒體與科技政策專家。他提出「網路中立性」的概念，關心科技如何影響自由與公平。他的作品結合歷史、法律與社會觀察，深入探討現代媒體問題。

### 三、主要內容重點

注意力是商品：媒體用免費資訊換取我們的注意力，再轉賣給廣告商。

媒體發展歷史：從報紙到社群媒體，媒體越來越擅長抓住我們的注意。

科技平台的影響：Google、Facebook 等平台利用演算法精準抓住我們的時間與心理。

反抗與省思：我們需要意識到注意力被操控，學會保護自己、選擇有價值的資訊。

## 細看名著

### 一、注意力經濟的興起：從報紙到社交媒體

《注意力商人》深入探討了媒體與廣告產業的演變過程，並且揭示了「注意力經濟」的崛起。其最早可以追溯到 19 世紀的報紙時代。當時，報紙的最大盈利模式並不是直接來自於訂閱費用，而是來自於報紙上的廣告。報紙的讀者越多，廣告的價值就越高。這種情形一直延續到 20 世紀初期，報紙、廣播與電視成為了主要的媒體形式。

然而，隨著科技的進步，媒體的傳播方式也發生了革命性的變化。20 世紀初，廣播與電視進一步擴大了對注意力的爭奪，媒體公司通過音視訊內容來吸引大量的觀眾，進而賣出廣告空間，將這些觀眾的注意力變現。這不僅是企業商業策略的改變，也是媒體行業一個極其重要的轉折點，商業對注意力的追求逐漸成為主導力量。

到 21 世紀初，隨著網際網路的興起，尤其是

社交媒體的迅猛發展，注意力的獲取方式發生了天翻地覆的變化。Facebook、Instagram、Twitter、YouTube、TikTok 等社交平台不再是單純的資訊傳遞者，而是全面轉型為「數位廣告平台」。他們的商業運作依賴於用戶的時間與注意力，這些平台並不僅僅是提供社交交流空間，而是通過算法與大數據精確地捕捉、分析並預測用戶的興趣，從而進一步推送各種廣告和內容來吸引用戶長時間停留在平台上。

**二、媒體與廣告的操控手法：創造需求與操控行為**

在這本書中，吳修銘揭示了媒體與廣告是如何利用各種心理與行為學手段來操控受眾的。以下是幾種主要的手法：

1. 情感化與戲劇化內容的製造

現代媒體尤其依賴情感化的內容來吸引觀眾。這不僅是新聞報導中的誇大與劇情化，還包括電視劇、廣告甚至網紅製作的視頻，這些內容大多以極端的情感反應為主題，無論是恐懼、愉悅還是驚訝，這些情緒都能大大提升觀眾的關注度。更重要的是，這些情感強烈的內容常常讓觀眾不自覺地停留較長時間，這樣一來，廣告的展示頻率就會增多，最終形成一種利益鏈。

2. 無休止的資訊流與無限滾動

許多現代平台（如 Twitter、Instagram、Facebook 等）設計了無限滾動（Infinite Scroll）的功能，這一功能讓用戶不斷向下滑動，無止境地

看到新的內容。這樣的設計可以有效防止用戶在感受到疲倦時停止瀏覽，而不斷被新的刺激吸引。研究表明，這種持續刺激的設計會讓大腦處於一種興奮狀態，並導致用戶沉迷其中，這是一種非常有效的注意力操控技術。

3. 定向廣告與行為預測

現代媒體公司對於大數據的運用達到了前所未有的精準度。通過對用戶行為的追蹤與分析，這些平台能夠根據每個用戶的瀏覽歷史、點擊行為以及興趣偏好來進行高度個性化的廣告推送。這些廣告並非單純的產品推銷，而是基於用戶的潛在需求和心理進行定向推薦，這使得廣告的轉化率達到極高的水準。

4. 社交證明與群體效應

社交媒體的另一個成功因素是利用了「社交證明（Social Proof）」的效應。當一個帖子有大量的評論、點讚或分享時，這會給其他人一種錯覺，認為這是值得關注的內容。這樣的社會群體效應進一步促使其他用戶跟隨，從而加強平台的注意力吸引力。這不僅體現在社交平台，也能在產品推廣、品牌建設等領域中看到其運用。

### 三、現代科技如何利用注意力

進入網際網路時代後，科技公司對注意力的運用進一步加劇，並且變得更加隱形。以下是幾個關鍵的利用方式：

1. 社交媒體的「回報循環」設計

例如Facebook和Instagram通過「通知」系統讓用戶隨時獲得來自朋友或關注者的更新，這種即時反應的回報循環使得用戶的注意力長時間保持在平台上。每當用戶看到朋友的評論、按讚或分享時，會產生一種立即的滿足感，這種多巴胺的反應讓人們難以抗拒繼續瀏覽下去。這不僅加大了用戶對平台的依賴，也使得注意力不再屬於用戶自己，而是被這些平台利用來創造利潤。

2. 大數據與個性化推薦

YouTube、Spotify、Amazon等平台通過對用戶行為的精確數據分析，將每一位用戶的需求和偏好轉化為個性化的推薦系統。這些推薦系統不僅能精確地將用戶吸引回平台，還能根據個人的興趣推送內容，使得用戶更願意長時間停留在平台上，增加了用戶的「屏幕時間」。這種模式同時提高了平台的廣告收入，因為長時間的用戶停留意味著更多的廣告曝光機會。

3. 手機與移動應用的滲透

現代的手機應用程序（如TikTok）依賴短視頻的高頻率與高互動性來吸引注意力。這些平台採用算法對視頻進行精準推薦，使得用戶很難停下來。這些應用的設計讓人們在短時間內不斷得到視覺與聽覺上的滿足，並且平台經常推送新內容，這些設計都極大地延長了用戶的使用時間。

4. 廣告與選舉中的操控

政治領域同樣成為注意力競爭的熱點。近年來，

越來越多的政治選舉開始依賴社交媒體來宣傳政治理念,進而吸引選民的注意力。社交平台上的政治廣告往往利用了精確的目標定位來影響選民的態度與行為。例如,2016 年美國總統選舉期間,Facebook 被用來推送極端的政治廣告,這些廣告針對特定族群與情感需求,進而改變了許多選民的投票行為。

### 四、注意力對個人與社會的影響

注意力不僅僅是商業操作的資源,對個人與社會的影響也不可忽視。以下是其可能帶來的一些深遠後果:

1. 心理健康的影響

長時間暴露於社交媒體與廣告中,尤其是當人們比對他人生活時,容易引發焦慮、沮喪與自我價值感的下降。特別是青少年,在社交媒體的影響下,可能會對身體形象與他人評價過度關注,進而產生心理健康問題。

2. 社會極端化

演算法推薦的封閉性與社交平台的極化效應,會加劇社會的兩極化,甚至促使人們在不同的資訊泡沫中徹底割裂,對立加劇。這種情況不僅影響個體的價值觀,也可能導致社會的分裂與不穩定。

3. 專注力的衰退與生產力下降

現代人越來越難以長時間專注於一項任務,頻繁的資訊切換與中斷降低了人類的專注力,進而對

學習與工作效率產生負面影響。無論是在學校還是在工作場所，這樣的影響都是顯而易見的。

## 五、如何在注意力經濟中自保？

面對當前日益複雜的注意力商業模式，我們該如何保護自己的專注力與自主權呢？以下是一些有效的策略：

### 1. 主動管理時間與使用習慣

減少無意識的手機滑動與應用程式的長時間使用，將注意力集中於真正重要的事物上，避免成為數位廣告的受害者。

### 2. 提高媒體識讀能力

學會識別與分辨虛假信息與誤導性內容，保持批判性思維。無論是傳統媒體還是社交平台，懂得反思與懷疑能夠幫助我們保護自我。

### 3. 定期「斷網」

設立「數位排毒」的時間，定期遠離社交媒體與數位裝置，給自己空間進行深度思考與反思，這樣不僅能幫助我們保持專注，還能避免過度沉迷於網絡世界。

## 引經據典

1. 「如果你沒為產品付費，表示你就是產品。」
2. 「不單只有金錢是一種資本，時間、注意力也是一種資本。」
3. 「我們必須懂得何時關機，把寶貴的注意力留一

些給自己。」
4.「注意力在那裡，你就在那裡。」
5.「媒體發揮的效力很大一部分也是『讓人變得不太理性』。」
6.「免費的東西來吸引注意力，再把注意力轉賣出去。」
7.「我們所過的生活，取決於我們關注的事物。」
8.「注意力商人從越來越多獲取的注意力中受惠，卻給予觀眾越來越少的回饋。」
9.「我們需要更多『深長主動』的注意。」
10.「我們必須時刻修煉拿回我們注意力主導權的能力。」

### 思辯探索

1.同：注意力經常被社群媒體綁架

　　書中指出科技平台設計用來最大化使用者停留時間，這與我每天不知不覺滑手機超過一小時的情況非常相符。我常常只是打開 Instagram 看一則訊息，結果花了半小時在看短影片。

2.同：廣告無所不在，潛移默化影響選擇

　　書中提到「免費內容其實是用注意力換來的」，我常在 YouTube 上被推薦我「剛好」需要的產品廣告，這些推薦明顯是根據我的搜尋或聊天紀錄來投放的，讓我覺得自己的注意力與行為早就被演算法掌控。

3.異：我尚未真正反抗或有系統地管理注意力

書中鼓勵讀者「刻意選擇資訊、刻意關機」，但我仍然習慣讓通知彈出、滑手機當休息，甚至習以為常。因此自認還沒開始真正管理自己的注意力。

4.反思：如何「主動地」使用科技而非被動接受？

本書讓我開始思考，不應只是責怪媒體，而應該練習主動選擇資訊來源、設定每日的「無手機時段」，或定期反思自己的使用習慣。

| 問題焦點 | 問題思考 | 問題行動 | 問題結果 |
|---|---|---|---|
| 我的注意力是否被科技平台操控 | 我常常滑手機超時,發現內容設計讓人停不下來,應是平台刻意引導 | 嘗試設定每天使用社群的時間限制與休息時段 | 使用時間略減,開始有意識地留意注意力分配 |
| 為什麼廣告總是這麼「剛好」? | 書中提到免費服務的代價是注意力與個資,我開始察覺到演算法推薦背後的商業模式 | 開啟「限制追蹤」功能,並減少點擊可疑連結或廣告 | 廣告仍有影響,但我對廣告來源與目的有更多警覺 |
| 我是否能主動掌控注意力? | 平時使用科技都很被動,易受外界吸引,幾乎沒練習過「深度使用」科技 | 每天安排30分鐘無裝置閱讀／書寫時間,關閉社群通知 | 情緒較穩定,專注力略增,開始體會主動使用時間的價值 |
| 如何建立數位與生活的健康界線? | 書中提到「關機行動」,我意識到生活需要留白,而非被填滿資訊與刺激 | 訂立晚上9點後不看手機的習慣,並嘗試一週一天「數位斷線日」 | 睡眠品質提升,也更能專注於與家人／朋友的真實互動 |

| 思維 | 公民 | 人文 | 自然 | 資訊 | 科學 |
|------|------|------|------|------|------|
| 美學 | 倫理 | 社會 | 科技 | 創意 | 宏觀 |

## 14 失去的自由

書名：單向度的人：發達工業社會的意識型態研究
作者：赫伯特・馬爾庫塞
版本：麥田(2024)
撰文者：李佳欣

### 導讀

　　《單向度的人》（One-Dimensional Man）是德裔美國哲學家赫伯特・馬爾庫塞（Herbert Marcuse）於 1964 年出版的批判性著作，也是法蘭克福學派中最表性、也最具爭議性的作品之一，批判了現代發達工業社會中的思想控制、消費文化與虛假自由。

　　馬爾庫塞認為所謂「發達」的資本主義社會，看似自由發展、科技發達，看起來每個人都可以自由選擇工作、生活娛樂的方式，但這些所謂的「自由」找就被制度與科技安排好了，喪失了批判性思考與真正的自由，慢慢變成一種只會接受現狀、隨波逐流，不再質疑體系的「單向度的人」。人們只能在體制允許的範圍內進行思考與行動，思想變的扁平、單一，無法想像或追求真正的解放與改變。

　　我們以為自己在自由選擇，其實很多選擇早就被社會、媒體、廣告甚至科技幫我們決定好了，而

我們習慣了這種生活,也就不再思考還有沒有別的可能性,成為單向度的人。這本書挑戰了我們對自由、進步、理性、技術等觀念的傳統想像,對現代社會提出強烈而深刻的批判,至今仍具有重要的啟發意義。

馬爾庫塞是法蘭克福學派的代表人物之一,出生於1898年的德國柏林,後因納粹迫害於1930年代移居美國。早期接受新康德主義與現象學訓練,後加入法蘭克學派,因此他的思想結合了馬克思主義的階級分析、弗洛伊德的潛意識理論與黑格爾的辯證法,被視為「新左派」的理論支柱,為當時「反體制」浪潮的重要思想家,深深影響了1960年代的學生運動與知識分子。代表作品包括《愛欲與文明》與《理性與革命》等。他特別關注科技、消費、自由、壓迫這些議題,也經常在探討「表面自由」與「真正自由」的差別。

## 一、單向度思維

馬爾庫塞認為在現代社會中最危險的現象之一,就是人們逐漸失去多面向思考的能力,只會從單一角度思考事情,不再懷疑、不再批判,只接受主流價值,批判與否定性的想像空間。例如:媒體、教育、政治宣傳都在不斷強化同樣的世界觀,使人們對現狀習以為常,認為本來就該如次。

這不只是知識的貧乏,而是種更深層的思維控制:人們不再想像改變,不再相信有別種可能,就連反抗也會被體制整合,失去真正的力量。

## 二、虛假需求

現代資本主義社會創造出大量非必要的「虛假

需求」，例如：最新的手機、奢侈品，在這樣的結構下，人們把生活重心放在工作賺錢、滿足慾望，使人們甘願被體制支配，錯以為自己擁有自由。當人們沉浸於物質和娛樂所帶來的短暫快感時，反抗的意識也就慢慢地被消解。

### 三、技術理性與社會控制

科技發展雖提升了生活效率，但同時也成為壓制批判性思維的工具。技術理性取代了價值理性，導致社會在高效運作中喪失了人性與自由。

舉例來說，演算法會根據我們的偏好推薦新聞、影片與商品，但也因此使我們被控制在同溫層，思考變得單一。這種看似中立的技術，實際上具有非常強烈的意識形態與控制力。我們失去對真實、對人的關注，只剩下效率、管理與控制。

### 四、壓抑的寬容

現代社會看似允許多元聲音存在，但馬爾庫塞認為這種「寬容」往往只是讓反對聲音表面存在，真正具有挑戰性的聲音會被邊緣化，或是被主流文化吸收與商品化，使反抗力量成為體制的一部分，成為無害的潮流符號，失去顛覆力。

## 細看名著

### 一、單向度思維

馬爾庫塞認為現代人只會從主流框架思考，無法跳脫既有體制。我們被教育如何成功、如何守規矩，但很少被教導如何質疑、如何提出新的可能性。這種「單向度」不是缺乏知識，而是喪失批判力。

我們以為自己很自由，實際上只是活在社會預設的模板中。

## 二、虛假需求

資本主義最厲害的地方是，它藉由廣告與社會壓力創造出我們「以為」需要的東西。這種控制讓我們心甘情願地工作、消費。而我們為了追求非必要的產品與服務，付出自由與時間卻不自覺，被體制所支配。

## 三、技術理性與社會控制

科技看似中立，實際上是體制控制的工具。像是演算法、監控等不只方便我們生活，也塑造我們的喜好與價值觀，使反抗變得更困難，很少會去查證或懷疑。社群媒體看似自由交流，實際上卻成為操控輿論、販售情緒的工具。

## 四、壓抑的寬容

馬爾庫塞認為現代社會以「寬容」為名，允許各種聲音存在，但實際上只容忍那些不具威脅性的體制，而真正具有顛覆力的聲音則被邊緣化或馴化，失去原本的反抗精神。

## 五、消解異議力量

現代社會透過「包容」與「整合」的方式，將反抗力量吸收到主流文化裡，使他變得無害的風格。例如原本對體制有敵意的次文化：嬉皮文化、學生運動、性解放運動等，逐漸被商業與媒體利用，轉化為潮流元素，失去反抗的力量。

## 引經據典

1. 控制不再是透過禁止，而是透過提供選項來完成的。（馬爾庫塞，第1章，第7頁）
2. 越是被允許表達，人們反而越失去真正說話的能力。（馬爾庫塞，第1章，第7頁）
3. 自由社會的最大謊言，是它讓你相信你是自由的。（馬爾庫塞，第1章，第7頁）
4. 人類文明的進步，正在以壓抑想像力為代價。（馬爾庫塞，第1章，第7頁）
5. 現代社會教我們怎麼成功，卻沒教我們為什麼活著。（馬爾庫塞，第1章，第9頁）
6. 技術理性取代了價值理性，使得人們不再問「應不應該」，只問「能不能做得到」。（馬爾庫塞，第1章，第18頁）
7. 在這個社會裡，反抗的力量不再來自貧困，而來自過度的滿足。（馬爾庫塞，第2章，第23頁）
8. 語言被制度控制，人們說的話越來越像標語。（馬爾庫塞，第2章，第23頁）
9. 幸福被定義為適應體制，而不是挑戰體制。（馬爾庫塞，第4章，第84頁）
10. 真正的解放，是從意識中開始的。（馬爾庫塞，第10章，第257頁）

## 思辯探索

| 問題焦點 | 問題思考 | 問題行動 | 問題結果 |
|---|---|---|---|
| 科技的中立性 | 雖然科技本身是工具， | 反思自己使用科技產品 | 發現資訊來源的多樣 |

| 問題焦點 | 問題思考 | 問題行動 | 問題結果 |
|---|---|---|---|
| | 但在資本與權力主導下,它往往不是服務所有人,而是優先服務既得利益者。像是大數據就常被用來操控輿論及消費,難以促進資訊的自由流通,反而加深了社會的分裂與偏見。 | 的習慣,減少依賴演算法,主動搜尋資訊,選擇能保留主體性的平台或工具。 | 性,對科技與社會結構之關係更加敏感,不輕易被技術所迷惑。 |
| 虛假需求 | 許多需求都是被製造出來的,從時尚、3C產品到娛樂內容,都是資本主義利用人們的慾望來維持消費的,這種消費模式不僅加重了個人的經濟負擔,也對環境造成壓力。 | 審視自己日常的消費習慣,減少衝動購物的機會,減少對物質的依賴,追求更有意義的生活方式。 | 慾望不再被控制,發現其實很多東西是非必要的,生活節奏變慢也更有質感,更清楚自己真正需要什麼,快樂不減。 |

| 問題焦點 | 問題思考 | 問題行動 | 問題結果 |
| --- | --- | --- | --- |
| 壓抑的寬容 | 現代社會看似容忍多元意見存在，實際是將異議吸收，消解其力量，使其失去反抗聲音。 | 參與公共論壇、公聽會，勇於在合理範圍內提出不迎合主流的觀點及具體問題。 | 培養出更成熟的批判思維和表達能力，要讓聲音被聽見需要更具策略，單靠情緒難以改變現狀。 |
| 思考能力退化 | 短影音盛行，這種快節奏的傳遞方式與資訊氾濫讓我們習慣接受結果而非過程，讓人們失去深度思考的機會。 | 刻意延長思考時間，例如每天閱讀紙本書籍並寫下反思。遇到議題時不立刻查找結論，先寫下自己的看法，再比較他人的觀點。 | 思維更清晰，比較有主見，有自己的判斷與立場，重新建立批判性思維，更有意識的公民。 |

## 結語

當我讀完《單向度的人》這本書時，心裡充滿了震驚的。雖然這本書寫於上個世紀，但裡面的觀點放到現在，還是讓人覺得很有道理。馬爾庫塞點出，我們以為的自由，其實很多是被體制、資本、科技甚至媒體安排好的。這讓我開始反思，我們現在每天滑手機、接收資訊、做決定的方式，是不是也被某些「看不到的力量」影響了？尤其在資訊爆

炸的時代，我們習慣快速接受資訊、快速做選擇，卻很少真的靜下來思考「為什麼」要這樣。馬爾庫塞不是要我們去反科技、反社會，而是希望我們能保持批判的眼光，去看清楚現狀的問題，思考還有沒有別種可能。對我來說，這不只是一本哲學書，也是一本提醒我們要保持清醒與思辨的書。讀完之後，我會更注意自己是不是也正在變成一個「單向度」的人。

# 15 只能是烏托邦嗎

書名：《真實烏托邦》
作者：艾瑞克・歐林・萊特（Erik Olin Wright）
版本：群學出版社，2015年出版，黃克先 譯
撰文者：李宜亭

## 導讀

　　《真實烏托邦》這本書的作者是艾瑞克・歐林・萊特的代表作，他是美國左派社會學家，透過長期關注階級理論與替代制度的可能性，這本書是經過多年而得來的研究成果，他提出一套系統性的社會轉型構想，讓「烏托邦」不再是遙不可及的幻想，反而成為現實條件中可被實踐的理想社會。所謂「真實烏托邦」是那些已經存在、正在實踐中，並且可能擴大化為制度的社會創新實驗。

　　本書首先對資本主義的結構性批判，接著回顧馬克思主義的不足，然後提出社會賦權的方向與途徑，最後則思考轉型策略與現實應用達成的可能性。萊特將政治理論與社會實踐相結合，不流於空洞的指責，也不落入浪漫的烏托邦幻想，而是將問題還原為社會運作的基本條件與結構關係，提出的問題與方法都極具實際操作的價值。

　　當代資本主義體制帶來物質繁榮的同時，也加劇了社會的不平等、削弱民主、導致勞動異化與生

態破壞,面對這樣的情況,我們不可以僅停留在批判的階段,而是應該要積極尋找替代方案,創造一套有策略、可實現的社會藍圖。

## 細看名著

### 1. 資本主義的十一項批判

萊特列出資本主義體制的十一項批判,包括「資本主義階級關係讓人類不必承受的苦難持續存在」、「資本主義阻礙了讓人類廣泛蓬勃發展的條件普及化」、「資本主義讓個人自由及自主性之中原本可以消除的缺點持續存在」、「資本主義違背了自由平等主義的社會正義原則」、「資本主義在某些重大的面向上沒有效率」、「資本主義整體上會偏向消費主義」、「資本主義會破壞環境」、「資本主義商品化威脅了廣被推崇的重要價值」、「資本主義在由民族國家組成的世界中,給軍事主義及帝國主義火上加油」、「資本主義侵蝕了社群」、「資本主義限縮了民主」等,資本主義並非「沒有替代方案」的唯一選項,而是透過制度設計隱蔽了其不正義的本質。

### 2. 三重可行原則

如果要讓烏托邦擺脫空想,就要滿足可欲性、可行性與可達成性這三個原則,透過這個框架,可以幫助我們去判斷哪些社會實驗具有擴大為制度的潛力,其中,理念要能引發大眾共鳴,結構要能穩定運作,實踐過程要能找到進路與路徑。

## 3. 社會賦權

在權力結構上，社會制度的運作可以視為國家權力、經濟權力與社會權力之間的角力。萊特主張「社會賦權」應成為轉型的核心，而實現社會賦權的方式有國家社會主義、社會民主主義、合作市場經濟、參與式社會主義等。

這些制度架構的共同特點是擴大社會的參與程度，使資源分配、勞動制度與公共治理的主導權不再由國家與資本壟斷，而是轉由公民社會共同決定，它們不是單純屬於理論建構，而是根據世界各地已有的實踐案例所彙整出的路徑。

## 4. 真實案例

書中敘述了參與式預算（如巴西愉港市）、工人合作社（如西班牙蒙德拉貢集團）與維基百科等，這些案例都證明了即使在資本主義世界中，也能開創出新的社會秩序。

## 5. 漸進式轉型策略

萊特主張應該要以社會為主體，在制度內進行逐步的侵蝕與重構，而否定了革命是唯一的轉型方法，質疑僅透過國家政策進行頂層設計的效力，他認為以社會為主體所製出的策略雖然緩慢，卻比較能保留穩定與民主正當性，避免由上而下的強制性替代導致的反彈。

他提醒我們，社會的轉型不是一蹴可幾的，轉型是經過漫長的歷史過程，一點一滴推動的結果，所以，真實烏托邦訴諸的不是戲劇性的大變革，而

是透過累積微小改變所漸漸形成的願景。

## 引經據典

1. 「想讓人相信『另一個世界是可能的』並不是件容易的事，人們是出生在已經成型的社會之中。」p. 68
2. 「如果長期來看，窮人的命運終會得到改善，人們何須在意不平等？」p. 86
3. 「無論如何，在所有已開發資本主義社會中的工人階級，迄今未曾發展出足以挑戰資本家權力基礎的集體能力。」p. 158
4. 「或許，我們不應該將解放社會變革的計畫，看成是一張指引我們前往已知終點的路線圖。」p. 161
5. 「沒人能保證一個公民社會力量占主導地位的社會將支持民主平等理論。」p. 201
6. 「在缺少有活力的次級草根團體的情況下，立基在結社民主之上的解決方案，很可能遭到資源豐沛的行動者團體所主導，它們通常代表有權者的利益。」p. 246
7. 「只要資本主義仍主導著經濟結構，那些菁英就擁有足夠的力量，阻礙或顛覆任何真正朝著社會賦權路徑前進的運動。」p. 347
8. 「國家的強制力量，對社會賦權構成了無法橫跨的侷限。」p. 416
9. 「在真實資本主義社會的實際世界中，並不是理論界定範圍內的所有價值都能在歷史實現。」p. 438

10.「總體來說，資本主義的階級關係核心，是與生產工具私有制連結在一起的經濟權力，因此民主化的過程能讓階級結構產生根本的轉變。」p.453

## 思辯探索

### 反思一：我們是否誤把「效率」當成社會正義的衡量標準？

在現代社會，我們經常以「越快越好」、「越多越成功」的邏輯去評價各種事情，也認為效率有一定的公平性，這種思考邏輯方式，不知不覺間也深植在我的思考模式中。但看到萊特對制度正義的強調後，我開始反思效率是不是真的代表公平？有時我們是不是為了效率，犧牲了深度、連結與人的尊嚴？

### 反思二：我對公共事務的參與感有多少？

我一直以來都覺得政治跟我沒關係，就算有關係，也不會因為我的小小的聲音，而有什麼改變，公共議題是政府機構以及一些社會團體的事。

萊特主張的參與式預算與社會賦權，讓我想起如果我們不參與，制度便會持續由資本與少數人掌控。

### 反思三：「自由」與「平等」是否可以同時實現？

在資本主義中，自由往往被強調成「個人選擇」，而平等則被視為干預市場的障礙，可是，真正的自由，應該是能夠「實現自己人生計畫的能

力」,這必須建立在基本平等的社會條件之上。目前社會上的教育體制與就業結構,確實存在階級與資源分配的不均。這讓我明白,要是沒有了制度上的調整與社會支持,「選擇自由」只是特權階層的專利,自由與平等不是對立,而是需要透過制度設計同時實現的共同目標。

| 問題焦點 | 問題思考 | 問題行動 | 問題結果 |
| --- | --- | --- | --- |
| 「效率」誤被當成社會正義的衡量標準? | 我常常會以「快」、「多」、「成效」作為衡量一切的標準,但這未必真正帶來公平或幸福。資本主義所推崇的效率,常常掩蓋了不平等、環境破壞。 | 試著在生活中支持公共參與專案。 | 效率不是萬靈丹,重視品質、關係與參與過程或許更能創造長遠的社會價值。 |
| 我對公共事務有多少參與感? | 書中提到「參與式預算」與「公民治理」時,我反思自己其實常覺得政治與我無關,是政府的事,又或者認為不論結果是 | 試著參加座談會、公聽會這類的公共參與。 | 即使是小行動,也能讓我感受到「社會權力」的存在與改變的可能。 |

| 問題焦點 | 問題思考 | 問題行動 | 問題結果 |
|---|---|---|---|
|  | 甚麼都沒關係。 |  |  |
| 「自由」與「平等」是否可以同時實現？ | 市場常說自由至上，但在不平等的基礎上談自由，可能是不公平的。 | 和別人討論教育公平、基本收入、社會住宅等議題，慢慢理解自由與平等的交集。 | 自由和平等不是二選一的關係，而是需要制度設計來平衡與實現的價值。 |

## 結論與個人觀點

在閱讀《真實烏托邦》後，我對「烏托邦」一詞的看法有所轉變，它不再是幻想中的桃花源，而是可以一步步實現的制度藍圖。它可以是一次公民參與的預算審議、一間由工人自主管理的合作社。

不過，即使知道這個道理及理念，我還是認為保持資本主義較為妥當，因為這樣子的社會模式至少不是我所討厭的模式，況且在資本主義的基本之上，也有逐步加上其他制度，改善一些缺點，在這個世界上，每件事都有利也有弊，只是選擇不同，我不太相信有什麼事是真正做得到完美無缺的。樹為了獲取陽光，而奮力向上，茁壯自我；生物為了生存，演化成各式各樣的模樣，每種生物都有不同特長。而因為人性中存在著怠惰，競爭是推動人類文明進步的一項重大因素，安逸將會弱化你我的能力。

但在未來，我期許自己要將「改變社會不是等來的，而是『做』出來的」這件事謹記在心，不應

該把自己侷限在這個我已習以為常的社會框架中，用我們早已習慣的思考模式行動，並且不能把制度想像為固定不動的結構，我們每個人都可以是制度創新者，即使只是從一個最小的角落開始。

| 思維 | 公民 | 人文 | 自然 | 資訊 | 科學 |
|---|---|---|---|---|---|
| 美學 | 倫理 | 社會 | 科技 | 創意 | 宏觀 |

## 16 媒體與流量

書名：《真相的商人》
作者：吉兒・艾布蘭森
版本：聯經出版，2021年
撰文者：鄧威傑

### 導讀

　　《真相的商人》由《紐約時報》前總編輯吉兒・艾布蘭森撰寫，是一部全面觀察新聞媒體產業變遷的著作。書中聚焦於《紐約時報》、《華盛頓郵報》兩家傳統媒體，以及 BuzzFeed 與 Vice 兩家新興媒體的發展歷程，藉由四者的比較呈現出新聞價值在數位時代的動盪與掙扎。作者從親身經驗與實地訪談出發，提供對新聞倫理、商業模式與數位轉型的批判性觀察。

　　本書反映出媒體產業正面臨前所未有的轉型壓力，點閱率與社群分享機制逐步取代了傳統新聞價值，媒體報導漸趨淺薄化與情緒化。作者試圖指出，在演算法統治下，新聞是否仍能維持公共知識建構的角色。這本書不僅是新聞從業者的警鐘，也為讀者提供理解當代媒體生態的鏡子。

### 細看名著

1. BuzzFeed 如何以社群媒體驅動內容擴散，創造

情緒共鳴與點閱率來獲利，代表新媒體時代的算法新聞學。
2. VICE 媒體將地下文化與紀實報導結合，憑藉酷與挑釁精神崛起，但隨著主流化也面臨身份危機。
3. 《華盛頓郵報》在傳統新聞黃金時代後走向衰退，家族經營的優勢逐漸喪失，數位轉型困難重重。
4. 貝佐斯收購《華盛頓郵報》後，引入科技思維與新商業模式，改寫報業經營邏輯。
5. 臉書以演算法掌控新聞曝光，媒體為求觸及而自我調整，導致新聞走向情緒化、兩極化與碎片化，形成回音室與資訊戰的溫床。

## 引經據典

1. 「我們大多數是為自己而寫。」第六章第五頁
2. 「只要有可能，就要推翻禮教。」第六章第三頁
3. 「走無線電視廣播路線的比其他人更糟。」——湯瑪斯·莫頓 批評主流新聞風格。第六章第二頁
4. 「臉書的演算法讓讀者無須背負做選擇的責任。」第九章第二頁
5. 「BuzzFeed 不是一個製造內容的網站，這家公司的重點是在看內容如何瘋傳。」第一章第三十五頁
6. 「新聞不再賣出人們買的報導，而是變成免費提供人們會想看的新聞。」第九章第八頁
7. 「我們渴望別人的渴望。」——吉拉爾寫道。第九章第四頁

8. 「VICE 媒體的名聲,就來自於這是一股永不平息的顛覆力量。」第六章第三頁

## 思辯探索

　　我們經常在社群平台接收新聞,但未必意識到這些內容經過演算法篩選,可能造成我們視野狹隘。

　　新媒體強調觸及率與分享數,使得新聞標題與內容越來越情緒化,甚至犧牲真實性。

　　傳統新聞機構面對數位轉型挑戰,我在生活中也看到很多年長者仍習慣紙本報紙,而年輕人則幾乎只用社群媒體獲取資訊。

　　面對媒體的變化,我們更需培養辨別資訊真偽與批判性思維的能力。

| 問題焦點 | 問題思考 | 問題行動 | 問題結果 |
|---|---|---|---|
| 媒體報導是否可靠 | 新媒體透過演算法影響新聞選擇,易陷入過濾泡泡 | 培養多元資訊來源的閱讀習慣 | 提升資訊素養,避免陷入單一立場或假消息 |
| 新聞為何越來越聳動 | 為求點閱與分享,媒體傾向情緒化、戲劇化處理內容 | 學習分辨標題黨與深度報導 | 不受表象吸引,更注重內容與分析 |
| 社群平台是否中立 | 平台以參與度為準則推薦內容,實際有重大引導與操控作 | 了解平台運作邏輯,適時調整使用方式 | 減少被操控風險,提高主動選擇資訊能力 |

| 問題焦點 | 問題思考 | 問題行動 | 問題結果 |
|---|---|---|---|
| 傳統新聞是否過時 | 優質新聞需要資源與支持,但舊有模式難以維持 | 支持值得信賴的新聞來源 | 保護公共知識基礎,防止資訊市場全面崩壞 |

## 結語

　　《真相的商人》是一部對於當代媒體環境變遷進行深刻剖析的重要作品。作者以嚴謹的敘事與豐富的田野研究,呈現了新聞產業如何從傳統報業的黃金時代,進入社群媒體與演算法主導的數位年代。透過對BuzzFeed、VICE Media、Facebook及《華盛頓郵報》等代表性媒體的發展軌跡描繪,本書不僅記錄了媒體生態的轉型,更揭示了真相、生存與商業利益之間錯綜複雜的張力。

　　本書最大優點在於其敘述角度的平衡與多元。作者一方面不吝讚揚新媒體在技術創新與敘事實驗上的突破,另一方面也冷靜檢視它們如何為了流量犧牲內容品質,甚至成為錯假訊息的傳聲筒。對於《華盛頓郵報》的篇章則提供一個家族企業如何掙扎於數位轉型的縮影,並透過凱薩琳・葳默思的故事,道出傳統報業在性別與文化保守主義上仍需克服的障礙。

　　學術上而言,這本書具有高度的參考價值,不僅對新聞學、傳播學領域有重要貢獻,也提供了政治學、社會學與數據科學跨領域研究的切入點。特別是書中對 Facebook 演算法如何重塑新聞生態的

探討，提供了寶貴的第一手觀察與洞見，值得進一步以量化方式驗證其對閱聽行為的深遠影響。

當然，本書亦存在某些限制。首先，它的敘事主要集中在美國背景，對其他國家媒體的轉型僅有零星著墨。其次，對於演算法運作的描述雖具深度，但較少涉及使用者端的實證行為研究。此外，書中雖多次提及「真相」的概念，但對於真相在數位時代中如何被定義與協商的哲學層次，尚未深入展開，這或許是未來可以延伸討論的研究方向。

總體而言，這是一本兼具深度與可讀性的作品，書寫風格不失文學性，同時保持記者應有的精確與誠實。作者以人為核心，勾勒出一幅幅令人印象深刻的媒體人物肖像，如葳默思、湯瑪斯・莫頓、史恩・史密斯與喬納・裴瑞帝等，使讀者得以透過個人經歷看見產業變化的本質。

對我個人而言，《真相的商人》不僅是一本新聞史，更是一部關於資訊時代社會變遷的現代敘事。它提醒我們：媒體不只是傳遞資訊的工具，而是形塑我們對世界認知與情緒反應的重要架構。在這個真實與虛構交錯的年代，理解媒體如何運作、為何運作，比過去任何時候都更加關鍵。

| 思維 | 公民 | 人文 | 自然 | 資訊 | 科學 |
| --- | --- | --- | --- | --- | --- |
| 美學 | 倫理 | 社會 | 科技 | 創意 | 宏觀 |

## 17

# 異常流行幻象與群眾瘋狂

書名：異常流行幻象與群眾瘋狂
作者：查爾斯・麥凱
版本：大牌出版(2017)
撰文者：張丞維

## 導讀

　　作者查爾斯・麥凱是一位蘇格蘭詩人、記者、歷史作家，以其對群眾心理與社會現象的觀察著稱。除了寫書，他也曾擔任記者與編輯，對當時的社會議題有深刻見解。他的寫作風格平易近人，能夠把複雜的歷史事件與心理現象講得生動有趣。這本書介紹了 19 世紀的三大投資泡沫事件，透過歷史事件闡述人類在群體情境下的非理性行為。作者以諷刺並生動的方式描寫了金融泡沫、巫術恐慌、鍊金術熱潮等現象，指出人們在貪婪情緒與從眾心態的驅使下，往往會捨棄理性判斷，出現大規模的瘋狂與荒謬行為。

## 細看名著

1. 不合理的群體心態：人類在群體中，常常放棄個人的理性，盲目跟隨大眾。

2. 經濟泡沫的重演:歷史上多次出現泡沫經濟,雖然每次的原因都不相同,但泡沫總會出現。
3. 宗教與迷信的可怕:巫術恐慌和鍊金術熱潮等事件證明人們會因為信仰及恐懼而被操控。
4. 歷史會重演:群眾瘋狂不只發生在過去,在現今的金融市場與社群網路依舊存在著。
5. 批判性思維的重要:要學會質疑流行,避免成為"群眾瘋狂"的一份子。

## 引經據典

1. 人們,像羊群一樣,常常瘋狂地湧入市場,卻在理智回歸時悄然撤退。
2. 人類歷史是一連串荒謬的重演。
3. 當所有人都相信他們不會失敗時,就是崩盤的開始。
4. 群體可能做出個體絕不會做的愚蠢行為。
5. 每一場狂熱,無論是宗教還是經濟,背後都有恐懼的影子。
6. 在瘋狂中沉溺的,不只是無知者,也包括知識分子。
7. 人類不太容易從歷史中學到教訓。
8. 只要還有群眾存在,就會有群體的幻想。

## 思辯探索

| 投資泡沫 | NFT 熱潮 |
| --- | --- |
| 群眾非理性行為 | 疫情期間的口罩、酒精搶購行為 |

| 鍊金術迷信 | 現今的網路詐騙 |
| 被輿論蒙蔽雙眼 | 社群媒體上被錯誤資訊誤導 |

| 問題焦點 | 問題思考 | 問題行動 | 問題結果 |
| --- | --- | --- | --- |
| 人群的集體盲從 | 群眾壓力與情緒感染是否會戰勝理性？ | 對每次流行資訊保持客觀與懷疑態度 | 避免被情緒支配，能獨立思考決策 |
| 投資行為的合理性 | 人為什麼重複犯下泡沫經濟的錯誤？ | 透過歷史中的金融事件，吸收財經知識 | 謹慎投資，避免被市場炒作情緒影響 |
| 流行資訊的可信度 | 網路流傳的資訊是否經過證實？ | 查詢原始資料來源，判斷資訊可向度 | 可以辨別真假資訊，不散播未證實的訊息 |
| 歷史的重演 | 現今社會是否會出現書中描述的瘋狂現象？ | 比對現代與歷史上的相似事件 | 發現類似的歷史事件依舊在重複，要時常警惕自我 |

| 思維 | 公民 | 人文 | 自然 | 資訊 | 科學 |
|------|------|------|------|------|------|
| 美學 | 倫理 | 社會 | 科技 | 創意 | 宏觀 |

## 18 心智操控的數位戰場

書名：Mindf*ck 心智操控【劍橋分析技術大公開】
作者：克里斯多福・懷利（Christopher Wylie）
譯者：劉維人
版本：繁體中文版（采實文化）
撰文者：陳子卬

### 導讀

　　《Mindf*ck 心智操控》是一部結合自傳、科技爆料與政治反思的作品，由劍橋分析（Cambridge Analytica）事件的核心人物與吹哨者——克里斯多福・懷利撰寫。這本書的出版引發全球對個資濫用、選舉操控與科技倫理的廣泛關注。書訊強調，本書揭開了「大數據結合心理戰術」如何精準滲透人類的網絡行為，進而操控政治判斷與消費行為。作者在書中以第一人稱講述他的親身經歷，帶領讀者深入認識劍橋分析如何將學術心理學與社群媒體數據結合，開發出能夠影響群眾心理的行銷與操控工具。

　　簡介方面，本書重點在揭示數位科技如何成為21世紀心理戰的工具，並指出這些技術並非源自邪惡的科幻幻想，而是透過學術研究、時尚產業與軍事資源所共同打造出來的現實機制。這些科技被包

裝成社群服務與廣告推薦，實則在無形中操控著每一位用戶的注意力與選擇。

　　作者克里斯多福・懷利原本是時尚與文化數據領域的研究員，曾在倫敦大學與英國政府部門任職，後來進入 SCL 集團（劍橋分析母公司），成為開發心理分析模型的要角。他的跨領域背景讓他得以將軍事心理戰、時尚文化行銷與社群科技整合起來，打造出一個以資訊為基礎、策略性操作人類行為的操控系統。最終他選擇成為吹哨者，揭露其背後的運作機制，並反思科技的道德邊界。

　　本書聚焦於揭示一種全新的權力形式：資訊權力。當數據與演算法得以理解人類思維時，資訊就不只是傳播媒介，而成為「預測」與「控制」行為的工具。這種權力不僅存在於政治領域，更滲透於商業、文化乃至日常生活的每一處角落。

　　書中也揭示了操作的具體方法。例如透過臉書上的心理測驗與第三方應用程式蒐集數據，搭配大五人格理論（Big Five）建構使用者心理輪廓，從而進行「微型訊息」（micro-targeting）投放。這些訊息不僅是商業廣告，更可能包含偏頗甚至虛假的政治宣傳，透過操作情緒如恐懼、憤怒與焦慮來改變選民的行為與立場。

　　作者也進一步說明劍橋分析如何將這些策略導入全球多場選戰，從美國總統大選、英國脫歐公投，到發展中國家的選舉操作，形成一種新型態的「心理殖民」。此外，書中批判科技企業與政府之間模糊的界線，以及缺乏透明機制的監督制度，讓民主陷入資訊戰的危機之中。

## 細看名著
### 打造心智地圖：心理輪廓與資料挖掘的結合

　　書中揭示，心理測驗與社群互動數據結合後，能構成一份完整的「心理地圖」。這些地圖不僅反映喜好，更暴露人們的恐懼、渴望與脆弱。作者以劍橋分析的資料實驗為例，展示他們如何根據這些心理特質，精準推敲出一個人最容易被說服的方式。大五人格模型（Big Five）在這裡成為武器，協助系統建立說服策略，讓每一則訊息都成為「對的人，對的時機，對的語氣」。這種細膩的個人分析，讓操控比以往任何時候都更隱蔽且有效。更令人警惕的是，這樣的心理建模不只用於政治操控，還被廣泛應用在消費行為設計與廣告行銷上。當一個人連「可能會感興趣的產品」都未曾察覺時，系統已提前預判他的動機並安排好推送。書中也提及，這種能力讓平台掌握比使用者自己更深層的認識。這不只是資料科技的進步，更是一種操縱人類意識與欲望的權力擴張。此外，這些心理模型的應用並不限於單一平台或服務，而是可以在不同的資料庫之間進行交叉比對與強化分析。

　　舉例來說，一個人在社群平台上的互動紀錄可以結合搜尋記錄、線上購物行為與影音觀看偏好，進而形成一個全方位的心理輪廓。這種對人格與行為的深度描繪，讓平台與操控者能夠在「使用者尚未表達需求之前」就預測甚至引導其行為。這種操控與預判的能力，正是現代數據帝國的真正資本。

### 精準投放：微型訊息如何重新定義「溝通」

微型訊息（Micro-targeting）是一種根據個體心理特質與行為數據來設計的訊息策略。書中描述了這種策略如何運作：每位使用者會接收到完全不同的訊息版本，針對他們的恐懼、價值觀等進行情感操作。這些訊息可能並不客觀，甚至是部分真相或扭曲資訊，但只要能喚起目標情緒，就能推動特定行動（如轉發、投票、抵制）。作者指出，這樣的訊息策略使政治溝通變得如同商業促銷一樣，以「點擊率」與「情緒觸發」為導向，而非以公共價值為核心。書中也揭示了微型訊息的道德灰色地帶。

　　不同於傳統媒體的一對多溝通，這種一對一訊息推播難以被監督與審查，進而形成「資訊孤島」。作者指出，這使得選舉變成一場資訊不對稱的心理賽局，參與者的選擇是在未知全貌的情況下做出。這種策略讓民主制度變得形式上自由，實質上卻高度操控。

　　進一步來說，這種「溝通再設計」意味著說話者與聽話者之間不再處於對等關係，而是由一個全知全能的資料操控者來決定要讓你聽見什麼、怎麼聽。平台與操控者掌握的不僅是內容本身，更是接受訊息的「心理脈絡」。這也解釋了為何同一個議題在不同群體中會激起截然不同的反應——因為他們從未接收到相同的現實版本。在這樣的情境中，溝通已不再是互動，而是定向影響，是對心理習慣與行為預測的直接操控。

### 操弄情緒：當資訊不再是為了真理，而是為了反應

　　《Mindf*ck》強調了一個令人警惕的趨勢：在

資訊傳播的生態中,情緒的價值大於真實。無論是恐懼、焦慮、憤怒,甚至陰謀論的驚悚感,只要能引發反應,就會被演算法推得更高、傳得更快。這種「情緒優先」的傳播邏輯正在侵蝕民主社會中理性討論的基礎,讓公共討論變得兩極化且充滿仇恨。

作者指出,這些情緒化內容之所以有力,是因為它們能擊中我們的潛意識與本能反應,繞過理性防線,讓人陷入感官操控的資訊漩渦中。在這樣的資訊環境中,政治與公共議題被轉化為情緒化的爭辯與對抗,破壞社會理性協商的機制。

書中更進一步解釋,情緒訊息之所以被平台演算法大量推送,是因為它們能帶來更長的停留時間與更高的互動率。從商業邏輯來看,這樣的內容是最能「抓住眼球」的,但從民主的角度來看,卻是最具破壞力的資訊類型。這種對點擊與參與的追求,迫使平台設計出能激起強烈反應的資訊結構,甚至讓假新聞與偏激言論優先於事實與中立報導。

這種情緒操弄也與心理學上的「情緒傳染」現象密切相關。一個憤怒或焦慮的貼文,很容易引發大量類似情緒的回應與再製,形成惡性循環。群體在這樣的資訊空間中,會逐漸放大彼此的仇恨與不信任,最終導致社會撕裂與公共空間崩壞。書中指出,這種操作不一定需要精密的政治策略,僅需理解演算法與情緒反應之間的關聯,即可在群體心理中投下深遠的影響。

最後,作者強調,我們不僅要關注資訊的內容是否正確,更要關注資訊背後的「情緒結構」——它是如何被設計出來、如何觸發反應、如何塑造我

們的態度與行動。這些問題遠比真偽之辨更為深層，因為它們涉及的是我們如何被影響，乃至我們「為何相信」。最終，情緒不再是輔助理解的工具，而成為操控與操縱的手段。

### 隱形介入：政治行銷如何偷渡心理戰技術

書中揭露現代政治行銷如何結合心理戰技術，改變了民主參與的本質。選舉廣告不再只是展示政見或理念，而是融合了心理學與行銷策略，針對選民潛意識中的價值觀與恐懼設計內容。這些訊息表面上談論政策，實際上卻是在塑造認同感與對立情緒。

劍橋分析透過這種方式，讓候選人形象被包裝成一種「品牌」，進入選民的日常情感連結與文化認同之中。選舉變得不再是對政策的選擇，而是一種情緒歸屬的表態。在演算法與平台推播的加持下，這些策略變得更加隱蔽、持續、精準，幾乎無法被覺察或防禦。這種「隱形介入」將民主從內部瓦解，使選民在不知不覺中接受了被操控的選擇架構。

書中特別指出，這類行銷操作常與文化議題綁定，例如移民、種族、宗教與家庭價值等社會敏感議題。透過特定語言風格、符號暗示與視覺元素設計，使訊息在文化層面上產生共鳴，進而迴避理性審視的可能。此時，政治溝通便成為一種文化工程，而非公共理性的對話。

此外，這種隱形介入技術也使選民的「認同感」被強化到某種程度，進而對不同觀點產生排斥與敵意。當候選人形象與選民自身身份綁定得越緊密，任何對候選人的批評，都可能被視為對「我」的攻

擊。這樣的心理反應模式，讓社會變得更加對立與無法溝通，也讓操控者更能穩定其權力根基。

最終，這類以操控情緒與認同為核心的行銷技術，將民主制度轉化為一場無聲的戰爭：看似和平競爭，實則每一則廣告、每一項資訊，都藏有戰略性的認知干預。

**看見與看不見的戰爭：誰控制資訊，誰就重寫現實**

作者提出一個核心命題：在演算法主導的時代，資訊的掌控者就是現實敘事的建構者。演算法不僅決定我們「看到什麼」，更決定我們「看不到什麼」。這種選擇性資訊呈現讓人誤以為自己所接收到的是「全面且真實的世界」，實則已經是經過計算的過濾後的視野。當資訊被操控者選擇性的編排後，我們的認知與決策基礎也隨之被更改。這不只是審查或假新聞的問題，而是一種深遠的現實社會建構改變，即控制資訊者，便能控制群體的思想與未來走向。書中以臉書演算法為例，指出使用者的推薦頁面本質上是一份「經過設計的現實觀」，當中每一則貼文的顯示與否，都是演算法依據互動數據與情緒觸發機制所判斷的結果。這種隱性編輯的現實讓人難以意識到自己所接收的資訊其實是被篩選過的，進而強化了思想上的單一化與選擇偏誤。這場資訊看得見的戰爭，真正的武器不是內容，而是「看見本身」。書中提出一個核心觀點：在數位時代，控制資訊流的節奏與內容，就是控制人們所理解的世界樣貌。這並非單純限制資訊，而是透過演算法選擇性呈現、過濾與放大特定內容，使人們在充滿假象與選擇性資訊的環境中做出「自由」選

擇。這種新型的操控形式比傳統審查更隱蔽卻更有效。這種資訊控制也讓事實成為一種「稀缺資源」，當不同社群所接觸的資訊版本互不交集時，整個社會將失去共識的基礎。此時，「真相」不再是可驗證的實證結果，而是各自演算法建構下的碎片真理。這樣的資訊環境不但使社會溝通失效，更容易被有心人士操控、製造對立與仇恨。

## 引經據典

1. 你以為你在滑手機，其實是手機在滑你。（第12頁）
2. "Information is a weapon, and a click is a bullet."（資訊就是武器，點擊就是子彈）（第36頁）
3. 我們不是改變人們的想法，我們是改變他們感覺的方式。（第54頁）
4. "A personality quiz is not a game—it's a weaponized psychological profile."（第61頁）
5. 最危險的科技，是你以為它無害的那種。（第77頁）
6. "Democracy isn't destroyed—it's eroded, click by click."（第89頁）
7. 資料不是中立的，資料是有偏見、有目的的。（第102頁）
8. 我們是21世紀的心理戰兵工廠。（第119頁）
9. "Free will can be simulated. It can be manipulated."（第131頁）

10. 科技本身不會造成邪惡，是我們如何使用它決定了後果。（第148頁）

## 思辯探索

我們在社群媒體上的行為看似自由，但實則被演算法控制與分類。日常滑動手機、點擊按讚、參與心理測驗等行為，其實都在不知不覺中為演算法提供了大量的個人特徵資料。這種資料被用來進行心理分析與行為預測，使我們所接收到的內容愈來愈被量身訂製，看似符合興趣，實則逐步限制了視野與選擇自由。

廣告與推薦看起來貼近需求，但其實是針對我們的心理弱點精準攻擊。無論是商品推薦還是政治訊息，平台背後的設計目的是促成某種特定的行動，例如購買、支持或反對，而非單純滿足使用者需求。這讓我們以為自己是基於自由意志作出選擇，實際上卻是在被誘導之中行動。

民主社會中，選民應有自由意志，但書中指出這份自由可以被模擬、扭曲。在資訊操控的時代，即便擁有選票與言論自由，個體的意志與判斷也可能在演算法設計與微型訊息滲透中受到深層影響，形成一種看不見的意識操控，讓民主流於形式而失去真正的自主性。

日常生活中我們忽略的心理測驗、按讚、分享，其實是構建我們心理輪廓的基礎。這些看似無害的小行為，累積起來就是完整的個人數位畫像，成為被利用以精準推送訊息與商品的基礎工具。每一次的互動都在無聲中暴露了我們更多的內在，為潛在

的操控與誘導鋪設了道路。

| 問題焦點 | 問題思考 | 問題行動 | 問題結果 |
|---|---|---|---|
| 社群媒體使用 | 被動提供個資 | 主動使用各種平台聯絡或娛樂 | 表面自由，實為資料貢獻者 |
| 廣告與演算法 | 利用情緒投放精準訊息 | 感覺推薦的內容貼近生活所需 | 操控隱藏在這些訊息背後，但深具影響力 |
| 政治訊息接收 | 訊息投放按情緒分類 | 認為接收到的是中立的資訊 | 自以為理性，但其實已經被操縱 |
| 民主與自由選擇 | 意志可被操控與模擬 | 相信自己的投票結果是自主選擇的 | 表象民主背後存有重大的心理干預 |

## 總結

《Mindf*ck 心智操控》揭示了一個令人震驚的現實：在數位化、數據化的今日社會，我們的行為、思想甚至情感都可能被無聲無息地收集、建模、操控。克里斯多福·懷利以親身經驗告訴我們，大數據與心理學結合後，所帶來的影響已遠超過個人層面，深入到了民主制度與社會秩序的根基。書中不僅是一場科技與政治黑暗面的告白，也是一個強烈的警告——當資訊成為武器、情緒成為戰場、認知成為攻擊目標時，作為個體的我們，需要有更高的警覺與反思能力。唯有理解這場看不見的認知戰爭，我們才能真正捍衛自由意志，守護脆弱而珍貴的民主制度。

# 那些權力的具象化——《監視與懲罰：監獄的誕生》

| 思維 | 公民 | 人文 | 自然 | 資訊 | 科學 |
|---|---|---|---|---|---|
| 美學 | 倫理 | 社會 | 科技 | 創意 | 宏觀 |

書名：監視與懲罰：監獄的誕生
作者：米歇爾‧傅柯
版本：時報(2020)
撰文者：陳姿羽

## 導讀

　　本書可視為一本哲學兼社會學討論的書籍，其由知名的法國哲學家——米歇爾‧傅柯所撰，他為知名的人文科學學家，對於權威、知識等有深度探討，《監視與懲罰：監獄的誕生》本書便是其思想的展現之一。在早期，本書曾被翻譯為《規訓與懲罰：監獄的誕生》後才再次就原文意義重新譯寫。討論的議題為自古典時期到近代的各種權威概念的展現、刑罰的探討，以及不同懲罰手段為什麼會誕生，如何被應用等等。從古至今，社會是如何去「規訓」人的，這些規訓可能殘暴、不被我們所認同，也可能形成了一種特殊的文化，今日仍舊受用。而規訓的對象也並不僅限於犯罪者、社會定義的惡人，而是被沿用到各種場域裡頭，所謂像是「監獄」的控制，可能就這樣深藏社會結構裡頭。

## 細看名著

關於本書的重點，我便就本書的四個重點部分——酷刑、懲罰、規訓、監獄，以及我認為的能總括四部分的結論來做分析。

**重點一：酷刑。**

首先，作者討論了酷刑是如何「變化」的。在早期的古典時代，也就是離我們非常之遠的時代，酷刑被視為一種權威的表演手段，通常，這些對於犯罪者殘忍的處罰場景會被展現在大眾的目光下，大家能在這些展演（sepctale）下親眼見證所謂「罪行」以及「罪行執行的下場」，對於身體顯而易見的懲罰截肢、烙印、當眾死亡又或是死後示眾——這些成為了主流。

但在十八世紀末至十九世紀初，這些刑罰消失在世界的目光中。就兩方面而言，其一是刑罰其實並未消失，但他不再是會被眾人所注視的「表演」，人們選擇遵守法律的原因不再是具體的、可見的殘忍，而是一種抽象的概念。另一方法是人權的展現，更準確的說法是對於「身體」的尊重，羞辱身體的懲罰行為似乎不再被認可，來自身軀的疼痛與羞辱不該成為司法的最終目的。

再者是酷刑的意義，像是最為常見的「政治」功能，也就是酷刑可以展現出統治者的權力優勢，這些所謂的「恐怖劇場」像是在宣揚司法的勝利，讓彰顯統治者的地位和不可侵犯性，同時也讓民眾有「眾望所歸」之感——也就是，擁有權力的「政府」處罰了我認為是壞人的「罪犯」，因此我對犯

罪行為感到反感，展現出了國家使用絕對權力，的對犯罪行為的「報復」。

但其可能發生的矛盾之處在於，民眾作為見證者，他們是如何去定義自己所注視的受罰者？要是受罰者是無辜的、又或者民眾認為刑罰太過極端，那其政治意義似乎便蕩然無存，甚至造成民眾選擇推翻當權政府。

**重點二：懲罰**

在十八世紀下葉，諸多學者對於酷刑表示不滿，主張現有的懲罰方式應該被改變，譴責權力的正當性逾越，暴政在暴力中招致反抗等。而司法的特權也遭受批評，支持改革者認為現在政府的權力管理方式相當糟糕，決定一個人有罪與否的評估太過專斷，上位者對於司法的影響過於強烈，導致司法內部失去秩序。

但犯罪行為並不會因為解決了這些問題、經歷司法與政府改革而消失，所以，改革者們的主張也包含了「控制與重新規範一切違法行為」、「違法行為必須明確受到界定與懲罰」所謂的罪行具有明確的制裁手段，什麼樣的犯行該受什麼樣的懲罰？懲罰的力度為何？該懲罰的作用又為何？簡而言之，想強調的就是嘗試細化、規則化所謂「懲罰」。

再者便是關於「懲罰」日漸變化的過程與各種主張。量刑的討論也在這裡被更加詳細地提出，一個人犯了罪就要受罰，但如果每個人在同個罪名下都招致完全相同的懲罰是否會有失公允？似乎許多人性的不得已都在這被納入考量，並替懲罰賦予了教育、反省等意義，而非純粹的要「羞辱」罪犯。

像是監獄機構強制犯人勞動、嚴格監管犯人的行徑，囚禁是一種懲罰，但同時也是讓犯人在隔離環境中改變個體的教育方法，並給予某些特殊的好處（表現良好的囚犯可以獲得更美味的食物、甚至是提早赦免出獄）。所以，從酷刑到懲罰，國家的權力還是存在，只是工具的使用方法改變了。人們依舊懼怕犯錯的後果、刑罰依舊是強制的，但對於個體的身體、人格的強制力不再是表演，也逐漸少了政治意圖。

**重點三：規訓**

規訓是一種權力的類型、一種全新的施展權力的方式，對人們的行為有更加細膩的控制，並形成一種順服－效用之間的關係。這個關係性存在於各種場域，像是要求工人在自己的崗位上做什麼、一個神學班級裡的某個人成為隊長、某個人成為戰士，大家都被賦予的意義並且服從。

並且，該重點提到了如何訓練出被規訓的人。除了傳統的軍營模式，在醫院、學校、工廠等場域也都有自己的一套「監視藝術」，場域內的活動將被記錄，而錯誤會受到裁決。規訓大部分時候都無處不在，但同時它也是相當隱密的，因為其原則上不全然訴諸暴力、武力。規訓系統的訓練與矯正功能更為顯著，通常都會將「好」與「壞」做出明確區分，做好事的人獲得獎勵、做壞事的人也不一定會獲得懲罰，但會因為其他人獲得「好處」而做出改變。

但這樣的「規訓」世界反而讓所有場域變成「永遠不會結案的審訊室」各種機構運用著類似的

手法在管理其中的人,讓他們變成受到規訓的存在。就某方面而言,我們的學校、工廠、醫院等變得像是「監獄」一樣,似乎是不值得意外的事實。

**重點四:監獄**

最後便是所有規訓方法中最濃縮、嚴厲的場域,其雖然遵守了上述的各種原則(讓人民不敢犯罪、讓犯罪者受到懲罰、維繫社會安定)但同時也有許多弊病被指出。一直以來,監獄蒙受「未有矯正功能」以及「懲罰力道不足」的批判。像是一個被提出的現象——監獄裏頭的犯罪者形成了自己獨特的犯罪圈子,他們不見得會在入獄期間有所改變,甚至出獄後共同再犯率提高了。

但相對的,這種把犯罪者都約束起來的機構,確實也提供了社會安穩性(只要我們不去提原本主張的矯正作用),因為在監獄裡頭的一切犯罪行徑都與社會無關,發生在封閉場域中的罪行。監獄是受到「依賴的」即便它可能是「失敗的」,而這也是懲罰藝術的某種終點。

**重點五:那些懲罰的演變與不變的權力們**

權力貫穿了四個重點,其實行方式與目的導向了不同時代中的不同懲罰樣態,作者在最後提出了,無論是過去到現在,各種「監視懲罰」的機構在部署上可能有所差異,但其都跟監獄一樣,目的是要對其受眾行使一種「標準化權力」。他們定義了非法行為與良好行為,並做出相對的回應,而這些機制的運作也是鬥爭之下的結果,可能有些人遭受迫害、被邊緣化,同時也有一定的必要性,在社會中

維持著可能具問題但穩定的作用。

## 引經據典

1. 一個被統治之無限所抹去、化成灰並擲向風中的身體，一個被統治權之無限、一塊一塊毀損的身體，不僅是懲罰理想上的極限、更是現實上的極限。（p. 88、p. 89）
2. 分界底定；人民褪去了其罪行曾經有過的古老驕傲；偉大的謀殺則成為聰明人所玩的無聲把戲。（p. 119）
3. 應當要極大化的東西，是刑罰之再現，而不是它的身體真實性。（p. 164）
4. 不久之後的，規則之鉅細靡遺、檢查之吹毛求疵的注視"一絲一毫的生活及身體之受到控制，在學校、軍營、醫院或工廠裡頭，將這種具有無窮小及無限性等特質的神秘計算帶來一種世俗化的內容、一種經濟或技術的理性。（p. 271）
5. 如此，浮現出一項規訓必須予以回應的新要求：構建一套機制，其效果將透過在基本組成項目間協調一致的連結方式而極大化。（p. 311）
6. 正當法學家或哲學家在公約中尋求探究一種用以建立或重建社會體的原始模式之際，軍人以及跟著他們一起的規訓技術人員一起制定關於身體的個體與集體強制之程序。（p. 321）
7. 完美的規訓機器讓任何時候僅需一眼就足以盡覽一切。（p. 334）
8. 事實上，當一個既被區隔又易於操控的圈子，對犯法之利用主要是產生在合法性邊緣。（p. 511）

## 思辨探索

### 一、政府依舊使用懲罰來換得人民支持？

現代社會確實早已沒有所謂酷刑，將人斬首示眾、把罪人掛在高台上供禿鷹啃食內臟的時代是過去式，但是把懲罰、刑罰作為一種獲得人民信任的手段似乎是無可否認的事實。最常被提出的視點，也就是死刑的執行被作為執政獲取人民好感的「工具」，民調出問題、政府施政受到質疑時，很多時候的選擇是將待槍斃的死刑犯推上行刑台，並有意無意地將死刑執行一事透過主流媒體快速的傳播出去。在這問題上，執行刑罰的目的為了展現政府威權略有不同，更多的是讓人民感受到犯錯的人「罪有應得」而產生政府伸張正義的滿足感。但將人命作為民調的兌換卷、穩定民心的手段是否有其正當性？

### 二、「台灣教育」可能是更加嚴厲的規訓體制？

書中提及，許多的機構其實都使用「規訓」此一權力展現的方式來把人塑造成該機構需要的樣子，而監獄是較為強烈執行的例子。在亞洲教育的校園中，似乎類似的規訓體制執行也會相對嚴厲，甚至形成一種特殊的服從性文化。讓我們就早期威權時代而言，教官進入校園、教師對於學生的支配性較大，不遵守學校的規定會受到懲罰，而走入近代，雖然宣揚著學生自治提升，但仍舊隨處可見威權的影子。私立學校對於學生的嚴苛控管，又或是學生自主籌辦的社團活動維持著上對下的權力關係，可

能都是一種規訓體制在臺灣教育有顯著影響的證明。

### 三、監獄的失能與幫派文化的形成惡性循環？

臺灣的幫派文化（8+9 文化、黑道文化）被視為稀鬆平常，過去曾閱讀過與臺灣監獄相關的報導，其提及了許多被送入監獄服刑的黑道者會在裡頭拉幫結派、結交更多不良勢力，甚至出來之後變成更「大尾」的惡人。其也與本書指出的「監獄成為另類的犯罪場域」有相關聯。當然，書中更強調監獄喪失了再教育、矯正性，可是臺灣的案例更像是監獄成為了加強惡性行為的場域。

| 問題焦點 | 問題思考 | 問題行動 | 問題結果 |
| --- | --- | --- | --- |
| 政府依舊使用懲罰來換得人民支持？ | 政府是否將死刑作為博取民眾好感的工具 | 政府在民意下滑時槍斃死刑犯，並第一時間通知媒體 | 使用刑罰來穩固民心的行為在現代的正當性將遭受質疑 |
| 「台灣教育」可能是更加嚴厲的規訓體制？ | 教育的規訓是如何產生並展現的 | 展現在威權時代的各項措施以及在現代學校、學生互動的「遺毒」 | 過去教育過度控制學生的傷痕似乎尚未抹去 |
| 監獄的失能與幫派文化的惡性循環？ | 幫派文化是如何讓監獄失能加重的 | 監獄成為拉幫結派、增加犯罪知識的場域 | 監獄不但失能，還成為培育惡性罪犯的場域 |

## 小結

透過本心得，得以反思那些在日常中看似正常

的秩序,其實是一種無所不在的控制與規範。這些權力機制不僅存在於監獄,更滲透進學校、醫院、工廠等現代社會場域,使人們在無形中被規訓、被監視,監獄某方面而言,不過是現代社會規訓邏輯的縮影,象徵著表面合理、實則持續鞏固權威的體制。

| 思維 | 公民 | 人文 | 自然 | 資訊 | 科學 |
|------|------|------|------|------|------|
| 美學 | 倫理 | 社會 | 科技 | 創意 | 宏觀 |

# 20 近代最偉大的思想？馬克思與馬克思主義

書名：馬克思與馬克思主義
作者：格雷戈里・克雷斯
版本：麥田(2022)
撰文者：顧玉琪

## 導讀

　　馬克思為二十世紀的耶穌基督？馬克思並非聖人也不是全能的預言家。他的異化理論讓他變得非常重要，不過，許多常被引用的言論卻極具誤導性。因為，並非只有單一面向的馬克思或單獨一種馬克思主義，而是有許許多多種。在一系列複雜的議題中，獨鍾其中一種觀點不僅被證實是危險的，而且相當不正確。正是這位思想家有如此大的影響力，我們才更需要去正視、質疑與好好了解，畢竟這個世界不斷地在變動。

　　格雷戈里・克雷斯英國倫敦大學皇家哈洛威學院教授，研究十九世紀政治思想著名學者，當今居領導地位的社會主義暨烏托邦主義歷史學家。曾獲歐洲共同體研究協會授予傑出學者獎，二〇一六年獲選為烏托邦研究學會（歐洲）主席。

## 細看名著

### 1. 馬克思思想的歷史背景與成形過程

書中首先介紹了馬克思的生平與思想根源,包括他在德國的黑格爾哲學、法國社會主義與英國政治經濟學的影響下,逐步發展出自己的歷史唯物主義觀點。作者指出,馬克思不僅關注思想,更關心實際社會的矛盾與不公。他透過對工業革命時期勞動條件與階級制度的觀察,建立了階級鬥爭與社會變遷的關鍵理論基礎。

### 2. 異化理論與勞動批判的深度解析

書中以極大的篇幅分析了馬克思早期的「異化理論」。這部分指出,在資本主義制度下,工人被迫與其勞動成果分離、喪失自我與創造性,淪為經濟系統中的「附屬物」。作者認為,這種異化不只是物質上的剝奪,更是一種人性層面的壓迫,是馬克思社會批判的核心。這一思想對後來的社會學、心理學與現代哲學影響深遠。

### 3. 馬克思主義的發展與多元化

馬克思去世後,其思想並未停止演變,反而在20世紀被不同政治實踐所重新詮釋。書中梳理了馬克思主義的幾個主要發展方向,包括列寧主義的革命策略、史達林主義的極權轉向,以及毛澤東將其應用於農村社會的版本。此外,西方馬克思主義者如葛蘭西與法蘭克福學派,也從文化與意識形態面向進行批判與延伸,展現馬克思主義思想的多樣性與靈活性。

### 4. 馬克思思想在 21 世紀的再興

本書強調,馬克思主義並非一套過時的理論。面對全球化帶來的勞動剝削、社會不平等與經濟危機,馬克思對資本主義的批判再度引起共鳴。特別是 2008 年金融危機以後,許多青年學者與社會運動重新翻閱馬克思的著作,視其為理解現代社會矛盾與尋求替代路徑的重要資源。馬克思的觀點不僅是歷史回顧,更是當代反思的起點。

### 5. 理論與實踐之間的張力

雖然馬克思主義強調實踐,但書中也誠實指出理論與現實應用之間的矛盾與困境。例如,革命理論在實際操作中往往導向專制與暴力,與馬克思原初的「自由與解放」理想背道而馳。作者鼓勵讀者在理解馬克思思想時,不只是盲目接受其教條,而是應該保有批判精神,理解它的歷史價值與當代侷限。

## 引經據典

1. 一個人通常不會因被共產主義所吸引而成為共產主義者,但卻會被這個世界正在經歷的歷史危機所造成的絕望所驅使。(p. 209)
2. 「存在方式」的概念會顯著地擴張,勞動者會主張完全不同的生活水準。(p. 199)
3. 人唯有透過歷史的進程才能變得個性化。最初他是一個物種的存在、一個部落的存在、一個獸群的動物……,交換本身是這種個性化的主要代理人,使得獸群般的存在變得多餘,進而消除。

（p173）
4. 工人運動的基礎是無情地批評現存社會。批評是工人運動生命的要素,工人運動本身怎能避免批評或試圖禁止爭論呢?難道我們要求別人承認我們的言論自由,僅僅是為了在我們自己的隊伍中再次消滅言論自由。(p169)
5. 革命可能始於非資本主義的基礎。(p167)
6. 資本的壟斷成了如雨後春筍股崛起的生產方式的束縛……生產資料的集中和勞動的社會化,無論如何都會達到與其資本主義外殼不能相容的地步。框架爆裂。資本主義私有財產的喪鐘響起。剝削者就要被剝奪。(p130)
7. 一個社會形態,在它所能容納的全部生產力發揮出來以前,是絕不會滅亡的;而新的更高的生產關係,在支持它的物質生活條件在舊社會的環境中準備好以前,是絕不會出現的。所以,人類始終只提出自己能夠解決的任務。(p92)

## 思辯探索

　　我想利用異化理論來與生活作連結,根據馬克思的異化理論,勞動者會與自己的勞動成果脫節,而被迫成為行屍走肉般的工作機器,從我個人經驗來說,以打工舉例,我的勞動產出並不屬於我自己,而是被老闆奪走大部分的成果,並在日復一日的勞動中失去自我,也會在勞動的過程中與同事產生競爭意識(業績壓力),並在資本主義下,讓勞動變成壓力來源,使人遠離自己的本質。

| 問題焦點 | 問題思考 | 問題行動 | 問題結果 |
|---|---|---|---|
| 勞動成果與工人分離 | 工人無法擁有自己創造的產品,成果被資本家占有 | 勞動僅為賣出勞力換取薪資,產品變成他人的財產 | 勞動成果成為壓迫工人的外在力量,工人與創造物疏離 |
| 勞動過程的控制權缺失 | 工人無法主導自己的勞動方式與內容,失去創造性與自主性 | 被動接受資本家安排的勞動流程,執行機械式工作 | 勞動者在工作中失去自我,工作變成痛苦與壓力 |
| 勞動者彼此的競爭關係 | 工人被迫相互競爭而非合作,社會關係工具化 | 在市場與職場中互相比較、爭奪有限資源與機會 | 人際關係疏離,人與人之間的信任與連結瓦解 |
| 人性本質的疏離 | 人本應透過自由勞動實現自身價值,但勞動變成壓迫 | 勞動變成生存手段,非自我實現的過程 | 人喪失本質特性,變成資本體制下的「工具人」 |

| 思維 | 公民 | 人文 | 自然 | 資訊 | 科學 |
|---|---|---|---|---|---|
| 美學 | 倫理 | 社會 | 科技 | 創意 | 宏觀 |

21

# 碎片連結下的孤獨群體

書名：數位狂潮下的群眾危機
作者：韓炳哲
版本：一行出版、2020年出版
撰文者：王憶芳

## 導讀

　　我們以為自己置身於一個自由、開放、前所未有的溝通時代，卻不知早已被透明化、碎片化與演算法深深捲入。在這場數位狂潮中，群眾成為不再思考、也難以用記憶的流動蜂群，他們以怒意凝聚，以匿名消散，以自我剝削為自由的幻影。本書《數位狂潮下的群眾危機》正是對這一切現象的冷峻觀察與深刻反思。它無意恐嚇讀者，也不尋求廉價的感傷，而是企圖揭示：當資訊取代了真理、當影像遮蔽了實體、當連結稀釋了關係，人類的行動、思想與情感正如何被一點一滴地重塑。在這本書中，我們看到一個熟悉卻又令人不安的世界，我們每日操作的社交平台，成為新的舞台；我們不斷「按讚」與「分享」，卻也在這過程中不斷暴露自我、失去隱私；我們以為自己在表達與參與，實際上卻深陷演算法與數據設計的邏輯中，行為早已預設，思想也早已確立。群眾的力量本應能夠形塑公共空間，

開創理性與對話的場域,但本書指出,如今的群眾被轉化為「醜聞社會」的一部分,依賴著短暫的憤怒與情緒波動來凝聚,而這樣的動員是脆弱、無根據、甚至無意識的。在數位媒體的推動下,我們的注意力成為可販賣的商品,而我們的溝通不再具備觸感與溫度,只剩殘影般的「幽靈語言」,在各式平台上不斷複製與蔓延。資訊成為無盡的堆積,真理則在其中變得稀薄而罕見。本書作者韓炳哲（Byung-Chul Han）,為韓裔德國哲學家,以其銳利且優雅的語言,揭示當代社會權力、身分、數位政治與精神結構之變化。他的著作多從現象學與批判理論出發,善於以短句凝練思想,將哲學帶回日常之中。他既非悲觀主義者,也非技術敵人,而是對當代人類狀態懷有深切關懷的觀察者。他們沒有歷史的記憶,也無意承擔任何責任,只在瞬間燃燒、隨即熄滅,如此失序的集體早已喪失了公共性的核心價值。我們曾以為科技帶來的是解放,但事實卻是,我們不再需要被命令,因為我們已經習慣自我驅動,自願將身體、情感與時間化為可分析、可預測的數據,奉獻給雲端與平台,甘願為了效率、自我優化與可見性,進入一種溫柔卻緊勒的自我剝削狀態。這樣的自由,其實是被包裝的負擔,是將人內化為生產工具的柔性控制。在這樣的邏輯下,資訊無限堆疊,知識看似豐盛,但真理卻日漸隱沒。資訊能夠不斷添加,卻無法替代真理的排他性與選擇性,我們在資訊洪流中漂浮,卻難以沉入理解的深水。更深層的問題是,我們的行為與選擇早已受到演算法的預設與引導,數位精神政治在不知不覺

中支配了我們的潛意識，它不像傳統權力那樣粗暴地強制命令，而是巧妙地塑造了我們的興趣、偏好與行動模式，讓人們以為自己做了選擇，實則只是照著系統設計的軌跡行走。在這樣的環境下，連人際關係也開始變質，虛擬的連結取代了實際的接觸，情感的交流變得稀薄且程序化，我們談話、按讚、回應，看似互動頻繁，卻愈來愈感到孤獨。技術不是單純的中介工具，而是悄然地重塑了我們與他人之間的距離與深度，使關係變得輕盈、迅速，卻失去了耐心與厚度。在這一切之中，我們是否還能在浩瀚的資訊與虛擬的連結中，找回真實的自己與他人？

## 細看名著

1. 公共空間的崩解與情緒政治的興起：當社會失去尊重與適當距離，憤慨情緒便成為社會動員的主力，取代了理性與討論。然而，憤怒雖能迅速聚焦注意力，卻難以建立穩定的公共論述，導致社會走向醜聞化與短暫化的公共參與。
2. 自由的幻象與自我剝削的現代主體：當代個體誤以為擁有絕對的自由，其實只是將外在壓力轉化為內在要求，進行自我監控與自我壓榨。在看似自主的生活型態中，人們已習慣於在優化與績效的框架下消耗自己。
3. 溝通的虛化與感知的喪失：數位媒體雖讓訊息傳遞更快速，但卻削弱了人際互動的真實觸感與身體性。溝通不再是立體的、帶有情緒與身體存在的過程，而變得幽靈般飄忽、難以掌握。

4. 圖像與資訊的膨脹掩蓋了真理的深度：我們處於一個過度圖像與資訊生產的時代，這種累積性的內容不僅無法引導人們通往真理，反而讓人沉溺於表象與數據堆疊之中，真理因其排他性與選擇性的特質，在這樣的資訊浪潮中愈發稀有難見。
2. 數位精神政治對行為與思想的潛在操控：今日的數位權力不再以暴力或強制手段存在，而是透過演算法與平台機制，潛移默化地塑造我們的注意力與行為模式，掌控我們的社會行動與潛意識邏輯，使我們在不自覺中接受一種被設計的生活方式。

## 引經據典

1. 「一個缺乏尊重和距離感染力的社會，必將是個醜聞社會。」（p. 09）
2. 「憤慨的浪潮能夠有效動員並凝聚注意力；然而，它們相當不穩定而且易變，所以不適合用於形塑公共論述與公共空間。」（p. 15）
3. 「帝國並非剝削民眾的統治階級，因為今日人們總是自我剝削，卻誤以為自己擁有自由。」（p. 22）
4. 「數位媒體則剝奪了溝通的觸知性和身體性。」（p. 32）
5. 「陰影與光芒存在於相同的空間中，兩者皆為渴望之源。」（p. 35）
6. 「我們使用數位媒體生產大量圖像，而圖像的大量生產也可以解釋為一種保護和逃避反應，以及優化的妄想。」（p. 39）

7. 「資訊具有累積性和添加性,真理則具有排他性和選擇性。真理與資訊相反,不會具積成堆,所以人們不常遇見真理。」(p. 51)
8. 「數位溝通不僅像幽靈般難以捉摸,同時也像病毒般傳播。」(p. 67)
9. 「資訊不再使人們增長見聞,而是阻礙人們的理解;溝通亦不再促使人們的交流,而僅為緩慢的積累。」(p. 73)
10. 「數位精神政治掌控了群眾採取行動時所遵循的潛意識邏輯,進而接管了他們的社會行為。」(p. 90)

## 思辯探索

1. 社群中的情緒化與失控言論:文中所提到「缺乏尊重和距離感染力的社會,將成為醜聞社會」,讓我聯想到日常社群平台上,許多人動輒在留言區公開羞辱或攻擊他人,似乎只為博取關注。相比之下,我雖避免這類行為,但在看到這些現象時常感無力或選擇沉默,反映出我也默默接受了這種「曝光文化」的常態。
2. 被情緒帶動的網路行動:曾參與過幾次網路上的社會議題討論,發現人們容易被情緒驅動,轉發、表態速度極快,但很少有人真的花時間深入了解議題。與書中所說「憤慨無法形塑公共空間」的觀點相呼應,我自己也曾在未查證下轉發消息,事後才因此感到羞愧,這使我反思自己是否只是在「感覺參與」,卻無真正思考。
3. 數位工具下的自我剝削:我常用記帳 App、計劃

軟體記錄生活,雖感到效率提升,但長期下來也逐漸產生焦慮感,彷彿必須「有效率地生活」才算活得有價值。這與書中提到的「自我剝削」現象不謀而合,看似自主,其實是被內化的數位價值所操控。
4. 溝通的虛擬化與情感隔閡:我經常透過訊息和社群與人維持聯繫,但當面交流的次數卻愈來愈少。有時即使訊息往來頻繁,卻仍感孤單,這讓我理解「溝通的觸知性與身體性」的缺失,是無法被文字與表情符號取代的。

| 問題焦點 | 問題思考 | 問題行動 | 問題結果 |
| --- | --- | --- | --- |
| 社群中的情緒化與失控言論 | 網路空間缺乏尊重與界線,會導致輕率的攻擊與醜聞盛行嗎? | 學習辨別網路情緒煽動,避免參與惡意評論,保持理性旁觀。 | 對資訊有更高的敏感度與判斷力,維持理性參與的底線。 |
| 被情緒帶動的網路行動 | 憤怒能快速凝聚注意力,但缺乏持續與深度,是否反而不利於公共討論與解決問題? | 轉發前先查證來源與背景,避免情緒驅動行動,思考事件背後結構性原因。 | 降低誤傳與盲目參與的機率,更能進行有意義的公共討論。 |
| 數位工具下的自我剝削 | 看似自由選擇,是否其實深受演算法與績效文化驅動,形 | 減少過度使用效率App,保留彈性時間與身心空白,反思效 | 感受生活節奏回歸自然,壓力減少,自主性提升。 |

| 問題焦點 | 問題思考 | 問題行動 | 問題結果 |
|---|---|---|---|
|  | 成無形的壓力與焦慮？ | 率迷思。 |  |
| 溝通的虛擬化與情感隔閡 | 雖有訊息往來，但缺乏身體與情感真實接觸，是否因此導致關係變淺與孤獨感增強？ | 主動安排與朋友見面或語音通話，嘗試回到更直接的互動方式，而不再只是依賴文字交流。 | 情感連結更具實感，減少虛擬社交所帶來的空虛感。 |

## 結語

讀完《數位狂潮下的群眾危機》，我最大的感受是，我們身處在一個看不見的控制，這種控制不再來自外部的命令，而是源自內在的習慣與期待，是我們自願地微笑、分享。這本書讓我意識到，數位生活並非純然的便利，它也悄悄改變了我們的感知與行為模式，它不只是工具，更是一種文化與權力結構的體現，它讓我們看似擁有選擇權，實則多數行動都已被預設與引導，它讓我們溝通頻繁，卻愈來愈孤單。而真正令人不安的是，我們其實習慣了這樣的生活，我們甘願被看見，甘願為了效率與優化耗盡自己，甘願在短暫的怒意與快速的互動中，以為那就是參與與自由。這並非要我們拒絕科技，而是提醒我們，唯有保持對於自身情緒、行為與關係的覺察，我們才能不被這場狂潮完全吞沒，在這個資訊洪流不斷湧現的時代，我們該學會的不只是如何快速回應，更要懂得如何慢下來思考，重新拾回溫度與真實，與他人也與自己。

| 思維 | 公民 | 人文 | 自然 | 資訊 | 科學 |
|---|---|---|---|---|---|
| 美學 | 倫理 | 社會 | 科技 | 創意 | 宏觀 |

22

# 看見之後，還要思考

書名：給眼球世代的觀看指南
作者：尼可拉斯・莫則夫
版本：行人出版（2016版）
撰文者：呂柏毅

## 導讀

當今這個數位時代，影像無處不在，無論是長影片還是短影片，都已經成為我們理解這個世界的主要方式之一。日常的社交媒體更新，還是新聞、廣告、甚至是娛樂內容，我們的生活被各種影像圍繞著。這些影像可能是自行發佈的，像是朋友分享的自拍照，也可能是被精心編排的、帶有強烈意圖的宣傳或政治影像。在這樣的環境下，我們習慣了接受這些影像，並將它們當作理解這個世界的方式之一。然而，我們真的有仔細去思考過這些影像的真實性嗎？這些影像背後的目的和意圖究竟是什麼？

這也是尼可拉斯・莫則夫在《給眼球世代的觀看指南》中所提出的一個關鍵問題。書中，他提醒我們，現代社會中的大多數影像並不是隨意呈現的，

它們往往是經過設計、編排和選擇的。這些影像背後，可能有著龐大的權力結構在運作。例如，當我們在社交媒體上瀏覽照片和影片時，這些影像往往是根據演算法精選出來的，這些演算法根據我們的喜好、關注和行為來推送內容。這代表，我們所看到的東西並不是隨機的，而是被某些力量精心安排過的。這些影像的呈現方式，可能會影響我們對某些事物的看法，甚至影響我們的選擇和價值觀。

　　作者強調，「看的權利」這個概念，目的是在提醒我們，觀看不應該只是被動的行為。在這個資訊爆炸的時代，我們每個人都被無數的影像所包圍，這些影像通過不同的媒體平台不斷進入我們的生活。無論是新聞報導還是網絡廣告，都是影像的一部分，而這些影像的背後，都有著設計者的意圖和目的。因此，我們不能僅僅依賴這些影像來理解世界，而應該主動思考：為什麼我們會看到這些影像？是誰選擇了這些影像？它們為什麼會以這種方式呈現在我們眼前？這些問題不僅幫助我們更好地理解我們所處的媒體環境，也讓我們意識到，影像的呈現方式往往不是無關緊要的，它們與我們的信念、態度甚至行為息息相關。

　　除了影像背後的選擇與設計，作者也在書中提醒我們，在當今這個監控無處不在的時代，身為觀看者的我們，有時候也會成為被觀看者。如今，我們每時每刻都在製造數據，無論是在社交媒體上發佈狀態更新，還是在購物網站上瀏覽商品，甚至只是走在街頭，我們的一舉一動都可能被各種裝置、監控系統所捕捉和記錄。而這些看似普通的行為，往往會成為大數據的一部分，並被用來分析我們的行為模式、偏好和興趣。這些數據不僅被公司用來

精準投放廣告，也可能被政府或其他機構用來監控我們的行為和思維。換句話說，我們的每一次觀看，每一次的選擇，都可能成為被觀看的對象，我們的隱私也因此受到威脅，我們的身份也變得越來越數字化。透過大數據分析，我們的行為和個人資料會被建構成一個虛擬的形象，這個形象不僅決定了我們在數位世界中的存在方式，也影響了我們的現實生活。當我們的行為被不斷追蹤、分析和預測，我們是否還能保持對自己身份的掌控？我們是否能夠不被數位世界的影像和數據所操控？

　　所以在這個影像時代中，如何提醒自己保持批判和思辨的能力，不被影像牽著走才是作者最想傳達給我們的想法。

## 細看名著

1. 觀看這件事，包含在權力結構中。
2. 社群媒體塑造了新的觀看模式。
3. 觀看是一種理解世界的方式。
4. 觀看是一種學習的行為。
5. 批判性的觀看能力是我們這個時代必須學習的技能。

## 引經據典

1. 對馬克斯而言，人類的心智是經濟軌道上奔馳的火車。(P. 138)
2. 我們全都生活在自己的版本裡。(P. 153)
3. 雖然這些城市中形式上的藩籬愈來愈少，但顯然

每個人並不具有同等的權利。(P. 197)
4. 這段文字中可這些房屋在某個意義上顯然是贗品，但住在裡頭依然舒適。(P. 200)
5. 他們主張自己擁有在網路上以及都市空間裡去看和被看到的權利。(P. 261)
6. 他們將改變媒體以及改變政治視為同一個進程的一體兩面。(P. 258)

## 思辯探索

| 問題焦點 | 問題思考 | 問題行動 | 問題結果 |
| --- | --- | --- | --- |
| 社群媒體影像的真實性 | 在 IG 上面看到的那些美好生活或精緻的外表是否都是真實的還是只是創作者想給你看到的其中一面而已 | 多多關注在自己的生活 | 內耗的問題較少出現，且也不太會去忌妒別人 |
| 我們所觀看的內容是如何被演算法所影響的 | 一直觀看有演算法所推薦的內容會不會讓我們缺乏思考 | 去跟別人借帳號來YouTube或是開啟無痕模式的影音跳脫自己的觀影舒適圈 | 可以知道或聽到更多群體以及各方面的聲音和想法 |
| 觀看和被觀看的權利是不是都一樣的 | 在這個影像世代中會不會有某些群體或是某些人在觀看和被觀看上的權利是較為弱勢的 | 去看相關的議題或是新聞報導來了解是否真的有這方面的問題 | 再觀看影片或內容時，盡量保持尊重與理性 |

| 思維 | 公民 | 人文 | 自然 | 資訊 | 科學 |
| --- | --- | --- | --- | --- | --- |
| 美學 | 倫理 | 社會 | 科技 | 創意 | 宏觀 |

## 23

# 你的品味不是「你的」品味

書名：階級與品味—隱藏在文化審美與流行趨勢背
　　　後的地位與渴望
作者：W‧大衛‧馬思克
版本：二十張出版／初版
撰文者：蔡語軒

### 導讀

　　《階級與品味—隱藏在文化審美與流行趨勢背後的地位與渴望》這本書，是由旅居日本的美國作家W‧大衛‧馬克思於2025年初發表，主要講述文化與地位之間如何互動並產生關聯性。本書主要分成四個面向：文化品味、文化資本、文化變遷與傳播媒體，比起使用艱澀複雜的學術理論，作者更多是使用日常生活中常見的例子，讓讀者得以從具體情境中理解抽象概念，如狗的品種選擇、對類酒的偏好、時尚、衝浪等，資料的使用既具廣度也不會太老舊，在一個個的實際案例，背後都潛藏著地位與文化象徵。這些例子不僅貼近生活，還充分說明了文化審美如何在不知不覺間，傳遞出某主種身份與階級的認同。

　　雖然書中使用了充足的例子和專家學者的話語來協助讀者理解內容，但這樣的做法即便能讓讀者

在閱讀時能夠溫和地吸收資訊，仍因整體敘述節奏偏緩而使文章略顯冗長，尤其是當一個觀點出現複數以上的舉例時，可能會產生焦點錯置的問題。

然而，撇開略顯文章壅長的問題不談，這樣清楚且詳細的觀點解釋，確實達到理清文章內容的效果。本書在書寫時，會從許多的小概念下手，組織成觀點，一個個的觀點會對應到核心理論，也就是「品味」和「階級」，若沒有實例來引導讀者從概念開始理解，可能使文章的易讀性下降。尤其當作者進一步揭示文化資本如何累積，以及文化地位如何被世代再製時，這些原本抽象的社會現象，也就隨著生活實例的導入，變得更加清晰而具象。這種從點、線到面的鋪陳方式，不僅讓閱讀者得以理解大意，也展現出文章提及的文化結構如何潛移默化地滲透進每個人的行為思想。

在文章的總結處，作者提到雖然無法完全消除地位，但消除其帶來的負面影響的方式，便是從最基本，也是最難全面達成的「尊重」開始。曾有這麼一句話「我完全不同意你的觀點，但我會完全地給予尊重」，不論對任何地位、文化的人都給予基本的禮貌和問候，光是這一步，就足以算是突破個人受所在文化、地位型塑的習慣。這種尊重，不是建立在尊重方單方面的行為，而是在承認彼此不同的基礎上，依然能夠給予理解與空間。

學術上的地位，書本對文化奧妙的解釋，作者提到，撰寫本書的其中一個靈感來源，就是認知到在現存的書籍中，雖然前人有對文化進行解析，卻沒有一本著重在解釋文化的奧妙之處。其撰寫方式

言之有物、清晰有理,將文化的的詮釋與地位、品味、階級綁在一起,使讀者體認到階級與品味都不是各自發生,而是巧妙的融合在你我的生活裡。

讀完這本書後,即使作者仍沒有找到可以完全避免地位與文化造成的不平等的方法,但至少兩者已不再是個謎團,它們就像兩條交錯的軸線,隨著歷史、科技與社會條件不斷重新建構,永遠無法被單一理論一言以蔽之。正因如此,我們才更應該試著理解其運作機制,進而在每一次文化選擇與社會互動中,更有意識地理解與判斷。

## 細看名著

### 1. 地位與責任

階級從古至今一直存在於人類社會中,過去社會擁有較高地位者通常伴隨更多責任,但現代富人往往可在不必承擔太多社會責任下這樣獲得好處。書中舉例,北美某原住民族男性絕不主動追求地位,因為較高的地位會伴隨惱人責任的增加,肩負族群決策的使命;然而,現代的流行巨星、運動員和富豪在社會上需要承擔的責任相較之下少之又少,且享有大量財富。如此一來,伴隨金錢與權勢的地位變得更有吸引力,加深人們對地位的渴望,試圖向上層階級靠攏,但他們有所不知,除了擁有財富,富人的品味與涵養自幼便從階級與文化塑造而來,有些是很難透過後天努力去達到的。

### 2. 文化來自習慣

文化的定義有千百個,但至少可以確定的是,

習慣乃文化的個別單位。一個人反覆做的事情會成為習慣，不過，當今天是一個村落、國家甚至種族的人群會反覆做一件事情時，這樣的習慣就成為了文化。

### 3. 叛逆的青年文化

多數知名的次文化與反文化多是來自青少年文化，這是因為這個時期的年輕人會希望與老人之間劃清界線，青少年被認為是叛逆的象徵，因此不論自己的父母的樣子是好是壞、自己所處的階級是富有還是貧窮，青少年都會希望自己看起來與父母不一樣，這點不論是書中實例的二十世紀還是現代都沒有改變。

### 4. 階級的特權

高地位的族群擁有專屬需求與特權，像書中提到在十九世紀末的法國繪逮捕穿長褲的中產階級婦女，但名人女性卻可以毫不避諱的穿著。這樣的差異源自為「威望」，地位低的人打破慣例會被視為偏差，高地位則相反，會被認為是新穎、時尚的創新表現。從此可知，不同階級會有屬於自己的特權，「什麼人做什麼事」，貴族階級的人不會去做水泥師傅的工作；工地工人不會選擇穿西裝打領帶去工作，這些都不是不能做，而是在現有社會框架下，做出不符合該角色的行為會使人感到困惑甚至詬病。

### 5. 網路使用的變革

網際網路的存在意義與用途在這十幾年間產生變化，從原本被視為小眾品味、逃離現實的途徑，

到現在已經大眾普及化，反而讓現實成為逃離網際網路的地方。

## 引經據典

1. 總體的地位總是反映在我們與他人的個體日常互動。（p24）
2. 當別人未能滿足我們的期望時，我們會變得沮喪和憤怒—即使原本的行為對我們沒有實質影響。（p53）
3. 品味的標準始終與時代和社會的主流慣例有關，因此理解品味的唯一方法，是將其視為一種社會機制來分析。（p97）
4. 次文化與反文化不是圍繞著微小的風格差異而形成，而是基於極端差異的慣例（p162）
5. 前衛的想法只有在更廣大的觀眾不再相信欣賞這些思想將帶來負面社會後果時，才能擺脫前衛社群的束縛。(P192)
6. 在任何特定的時刻，文化不僅是最新時尚的累積：它是一種新與舊、動與靜、表面與深層、無意識和有意識的複雜沉積。(p244)
7. 「當大眾文化瓦解時，它不會重組成一個不同的大型文化。它反而會變成數百萬個微型文化，以各種難以理解的方式共存與互動」。（p274）
8. 人類反覆且規律地改變文化偏好——幾乎總是依據地位來偏移（p312）
9. 當更多參與符號的複雜性並找到意外的方式突破慣例時，生活就會更有趣——而且可說更美好。（p320）

## 思辯探索

| 問題焦點 | 問題思考 | 問題行動 | 問題結果 |
| --- | --- | --- | --- |
| 階級無所不在 | 一開始，車子是富人的象徵。汽車普及後，車子仍被分成不同檔次來彰顯地位。 | 脫離地位束縛的迴圈：不去為了彰顯地位而花錢 | 雖然階級還是在，但不會因為對高階級的渴望而使人想要刻意追求特定物品。 |
| 品味被分級 | 聽古典樂就會被認為是高品味、典雅的，聽流行歌相較之下品味就較低、通俗的。 | 尊重每個人對事物的品味，世界上有多少人，就有多少種品味。 | 品味不再有貴賤之分，音樂品味、食物品味，品味或許會相似，但不會完全相同。 |
| 炫耀性消費帶來高關注 | 在社群媒體上，炫富行為往往能得到許多關注，進而提升地位。 | 滿足現有的生活經濟品質，並期待變得更好，而非盲目高攀。 | 炫富的必要性會降低，使富人將金錢投入到其他地方去。 |
| 文化停滯感 | 世界的變動太快，使人對變化感到疲勞，網路社群時代後更是如此。 | 避免刻意追尋短暫的風潮，把焦點停留在自己的「流行」之中。 | 時代仍會不斷進步，但個人已做好迎接每一次變化的準備。 |

## 結論

　　本書對於品味與階級之間的描述，就像剪不斷、

理還亂的絲線，交織在我們的社會當中。各式各樣的習慣形成文化、不同的文化塑造出各自獨特的品味、地位結構影響了品味、相同財富能力和信念的族群形成階級、高地位階級與低地位階級對事物的品味大有差異⋯⋯，當要探討其中一者時，不可忽略他者，牽一髮而動全身，正好體現出了人類社會的複雜性。這意味著，你的品味，可能不全然是「你的」品味，被所屬階級、文化與地位悄悄影響著。

| 思維 | 公民 | 人文 | 自然 | 資訊 | 科學 |
| --- | --- | --- | --- | --- | --- |
| 美學 | 倫理 | 社會 | 科技 | 創意 | 宏觀 |

## 24 生活即表演

書名：日常生活中的自我呈現
作者：厄文・高夫曼
版本：商周(2023)
撰文者：邱婕芸

### 導讀

人們常說「人生如戲，戲如人生」，生活中不只會發生意料之外的戲劇性變化，就連在日常中的我們本身，也是在扮演著某個角色的表演者。

本書作者厄文・高夫曼是一名當代美國社會學大師，對社會學領域的符號互動論做出了重大的貢獻，其主要的著作皆以戲劇分析、社會互動及自我建構為主題。高夫曼的寫作風格詼諧與幽默、諷刺與自覺的特質，使得他能夠走出學術的藩籬，在各地親自探索人類社會中幽微的互動關係。

日常生活中，當個人與眾人互動時，會想藉由觀察他人的外觀、行為舉止與言語談吐來分辨他人的個性與人格特質，從而在汲取的訊息當中，聯想到過去是否曾經面對過類似的人或是有過相似的經驗，而自己又應當如何反應並做出適當的互動方式。這就是當個人在面對他人時，所採取的應對方法。

在瞭解他人的同時，別人也在互動關係中觀察

著自己，因此我們也會注重自身的「印象」。人們通常運用表達讓別人產生某種印象，而表達的方式可分為兩種不同的示意行動，分別為「給予」的表達和「營造」的表達。當與他人互動時，個人所呈現出的眼神、展示的動作及說出的話語，都是為了給予他人某種印象所表現出的表象，屬於較明確且傳統的溝通方式。而營造的表達方式則涉及廣泛的行動，舉例來說，個人可能會特地在觀察者面前接二連三地接電話，或是一直出門，讓他人產生認為自己極受歡迎、有許多邀約的錯覺。因此本書所探討的社會現象是：無論在生活中、社會中甚至在面對自我時，個人如何扮演著某個角色，又是如何在不同的情景之下，隨心所欲地變換角色，在特定的場景中展現出合適的面具，讓當下或將來發生在自己的掌控之下。

## 細看名著

### 「戲劇論觀點」

作者認為日常生活就如同舞台劇般，每個人都是演員，舞台則是各種社會情境，人人皆會依情況做出不同的角色扮演。而表演的空間，也就是舞台，則分為前台與後台。前台指的是人們檯面上的互動關係，個人在此公開地進行角色扮演，大部分的行為會受到觀眾（他人）的期待而被約束。後台則是指當個體去除社會與他人的期待時，卸下了面具，能夠開放地展現自己的真實樣貌。舉例來說，公司中的主管在工作上（前台）總展現出嚴肅、做事乾淨俐落的形象，讓上級和下屬感到可靠；但下班過

後（後台），這名主管對待家庭時卻十分溫柔，甚至會特意搞笑逗家人開心，和工作時的形象相差許多。因上述舉例可知，社會行為並非隨意地展現，而是具結構性地依據不同的「角色扮演」所展現出的表演。

「社會中的門面」

書中大多用「門面」一詞作為人們營造印象時所做出的表現，門面是一種標準的表達工具，而個人在表演時會有意或無意地使用這個工具。首先是「佈景」，包括裝潢、家具、實際佈局和其他背景物品，佈景可以提供場景，讓人們能夠在佈景中行動。例如醫生在醫院才能進行較為複雜的醫療行為，顯現出自己的專業。再者是「外表」與「舉止」。透過外表，表演者可以展現出自己的社會地位或狀態，例如學生穿著制服，表現出自己身為學生的身分。而透過舉止，表演者可表現出特定的人格特質或處事態度，經由言語、行為來塑造形象。

「團隊合作」

高夫曼在書中指出，許多自我呈現的過程並非由個人單獨完成，而是透過「團隊合作」共同演出。團隊是由一群具有共同目標與認同的人組合而成，他們透過合作來完成某場社會表演，維持一致的形象與印象。例如在高級餐廳中，服務人員、廚師、接待員等共同組成一個表演團隊，目的是營造出高品質、專業與細緻的用餐體驗。每位成員的舉止、語氣與外觀都需經過設計與協調，以維護整體形象。若其中一人行為不當，整場表演便可能破功。此外，

隊伍成員之間會彼此掩護、互相補位，避免表演破裂。例如服務生若不小心打翻飲料，其他人可能立刻協助擦拭與安撫顧客，以減輕負面印象。團隊合作顯示出，自我呈現不只是個人行為，也是一種集體協作的過程，須倚賴成員間的默契與配合，共同維護社會互動的穩定與和諧。

## 「資訊控制與揭露」

作者認為個體在互動中會透過資訊的選擇性揭露與隱藏，來塑造他人對自己的印象。這種資訊控制是一種精密的策略，用以保護表演的一致性與完整性。首先是「防護性技巧」，表演者會預先規劃言談內容與行動細節，避免透露可能會損害形象的訊息。例如，上級在下屬面前不會表現出不確定或疲倦的狀態，以維持其正經、專業形象。其次是「保護性技巧」，**觀眾**為了維護互動的和諧，也會配合表演，例如在面對他人言語上的小錯誤時，選擇不糾正、裝作未察覺。資訊控制也與空間的劃分有關，在「前台」中的資訊會被精心挑選與包裝，而在「後台」中，演員可呈現出較多真實的面貌。舉例來說，**餐廳服務生**在顧客面前通常會保持微笑與禮貌，但在員工休息室中就可能表現出疲倦或抱怨。透過對資訊的管控，個人得以調整他人對其的觀感，展現一個符合社會期待的「自我」，從而確保社會互動的穩定與秩序。

## 「社會情景中的**觀眾角色**」

觀眾並非只是單純的接受者，而是社會互動中積極的參與者。觀眾的存在與反應，會直接影響表

演者的行為與自我呈現。首先,觀眾具有「回饋」的功能,他們透過表情、語氣、態度等方式,回應演員的表現,進而影響其繼續扮演的方式。再者,觀眾也可能採取「協助演出」的態度,來幫助演員維持表演的一致性。即使察覺到表演中的破綻或不自然之處,觀眾通常會選擇不戳破,以維護正向的互動關係。例如,在正式場合中,即使主持人講錯話,聽眾仍可能會給予微笑或掌聲,幫助現場氛圍維持穩定。這說明觀眾的角色不只是旁觀者,更是協助者,他們的配合與容忍,是日常生活中表演能順利進行的關鍵因素。

## 引經據典

1. 「當個人出現在他人面前時,他會努力控制他們對他的形象。」(P. 75)此句是書中的重點,強調自我呈現就是「印象管理」,每人在與人互動時都會積極地透過行為和言語來調整、塑造他人對自己的形象。由此可知,人們在社會互動中,總是參與一種形象塑造的過程。
2. 「在我們的社會裡,有些觀眾認為正當的行為,在其他社會中卻可能被認定是騙局。」(P. 110)書中舉例十年前被認定為江湖郎中的醫術,十年後卻可能被承認為正規的醫療行為。在不同時代、社會中,自然會因為環境背景與認知而對某些事物產生不同的看法。
3. 「角色或關係範圍內的事物與職責越多,存在的秘密可能就越多。」(P. 163)社會上愈複雜的關係中,可能會因為牽扯過多事務,而產生各種不

可告人的真相。
4. 「表演者必須相信他所扮演的角色,至少要讓觀眾覺得他相信他。」(P.204)此句指出表演的誠信性問題,即使表演者內心不認同角色,但也必須保持表演的真實性,否則表演會失去說服力。舉例來說,當公司業務在和風評不佳的大客戶應酬時,即使內心充滿怨言,甚至不認同這段互動關係的價值,仍必須笑臉迎合對方,否則將會失去一門大生意。
5. 「人們努力創造一種現實,但這種現實也是他人幫忙維持的。」(P.237)這句話強調了自我呈現中的雙向性:個體會設法創造出某種角色或形象,但這種角色若要成立,必須依賴他人「相信」與「支持」。這種互動性的建構過程,使得人際關係成為不斷協商與確認現實的場域。我們不只是表演者,也同時是他人在表演時的觀眾與支持者。
6. 「表演者甚至會試圖給人一種印象,他們從以前到現在就是如此泰然自若與駕輕就熟,從未有過跌跌撞撞地摸索時期。」(P.256)透過故作輕鬆的方式,表演者可以更快速地獲取他想爭取進入的群體的默認與支持。例如一名學生在一群尚未熟悉的朋友面前說自己花很少時間準備考試,仍得到了高分,藉此獲得他人的稱讚與認同,實際上卻花費了許多心力在讀書上。
7. 「整體來說,我們可以預期個人在認識很久的人在一起時,會放鬆對門面的嚴格限制,而對素未謀面的人在一起時,則會收緊對門面的嚴格限制」(P.310)當面對初見面的人時,人們通常會希望

給予對方良好的印象,而對自己的行為舉止有更多的設限;但當面對熟悉的人時,會以更輕鬆的方式對待,展現出更真實的自我。

8. 「後台是一個演員可以卸下面具、整準備角色的空間。」(P.168)作者透過「前台」與「後台」的區分,強調人們在不同空間中的行為轉換。後台是一個可以放鬆、呈現真實自我、不需扮演社會角色的地方。例如,餐廳服務生在員工休息室抱怨奧客,或演員在休息室中脫下戲服,這些都是從角色中抽離的後台表現。後台使我們理解,自我表演是需要休息、準備與重整的過程,而不是永無止盡的偽裝,並不需一昧為了迎合他人而勉強自己。

## 思辯探索

| 問題焦點 | 問題思考 | 問題行動 | 問題結果 |
| --- | --- | --- | --- |
| 人際互動中是否需要刻意維持特定形象? | 是否常為了討好他人或融入團體,而壓抑自己的真實情緒與想法? | 觀察自己在不同場合中的行為差異,例如在朋友、家人面前的表現。 | 發現自己會為了配合不同角色切換「表演方式」,但也會因此感到有些心理負擔,會思考如何在保持社會互動時,也能更貼近真實的自己。 |

| 問題焦點 | 問題思考 | 問題行動 | 問題結果 |
|---|---|---|---|
| 資訊控制在關係中是否會造成誤解或壓力？ | 與家人或好友互動時，會不會選擇性地隱藏部分情緒或經歷，以維持個人形象？ | 嘗試在信任的關係中多分享自己的真實感受，呈現自我。 | 逐漸發現真誠的表達能讓關係更穩固，也減輕心中的壓力。 |
| 是否過度依賴他人的回饋來塑造自我？ | 是否太在意他人對我的看法，而因他人的期待做出某些行為？ | 嘗試分辨哪些是自己真正的想法，哪些只是為了討好他人而迎合的行為。 | 逐漸建立起內在的自我認同感，更有信心地表達真實的自己。 |

| 思維 | 公民 | 人文 | 自然 | 資訊 | 科學 |
|------|------|------|------|------|------|
| 美學 | 倫理 | 社會 | 科技 | 創意 | 宏觀 |

## 25 我與媒體的距離

書名：認識媒體 人的延伸
作者：馬歇爾·麥克魯漢
版本：貓頭鷹（二版 2015 年 6 月）
撰文者：張少瑛

### 導讀

　　這是一部關於媒體的本質與其對人類感知、社會結構與文化變遷影響的經典著作。馬歇爾·麥克魯漢在書中提出一個開創性的觀點：媒體不只是傳遞內容的工具，而是延伸人類感官與行為的技術載體，像是輪子是腳的延伸，衣服是皮膚的伸延。他主張：「媒體即訊息」（The medium is the message），強調媒體本身的形式與特性，對社會的影響遠超過其傳播的內容，顛覆了所謂媒體中立假說，並認為「了解媒體對於人類的精神價值和社會制度產生的革命性效應」，是用以減低媒體對社會影響的重要方式。

　　本書深入探討從印刷術、電報、電話、電視等各種媒體如何形塑了人類歷史與文化的演進，也預言了電子時代（甚至今天的數位網絡社會）將重新連結全球，使世界成為「地球村」，是一本值得慢慢咀嚼的書，不過文中內容相較之下較為抽象，需要用心了解與思考。

馬歇爾·麥克魯漢（1911－1980）是加拿大著名的媒體理論家、文學評論家和哲學家。他是20世紀媒體研究領域的先驅，被譽為「媒體先知」以及「二十世紀媒體理論宗師」。他的學術背景橫跨英語文學、文化研究與哲學，擅長用文學與詩意的語言闡述媒體的文化意涵。他發明了許多至今仍常被引用的概念，如「地球村」、「熱媒體與冷媒體」等概念，對數位時代的媒體環境有驚人的前瞻性。另著有《機械新娘》、《古騰堡銀河系》等。

## 細看名著

1. 媒體是人的感官延伸（重新配置感知的疆界）

　　麥克魯漢提出，任何媒體都是人類生理或心理能力的延伸，進而揭示了媒體與人之間密不可分的共生關係，且媒體並非中立的工具，而是直接介入並重塑我們的知覺結構與生活世界。例如書本延伸了視覺記憶，電話延伸了聽覺範圍，電視則將視聽感官擴展到全球範圍。這種延伸不僅改變了個體的感知方式，還重新配置了社會的運作模式。例如，印刷術的出現強化了視覺的線性邏輯，推動了個人主義與理性主義的興起，而電子媒體則通過即時連結，促進了集體意識的回歸。

　　這一觀點的革命性在於，它將媒體從單純的「工具」提升到人類存在的核心層面。麥克魯漢認為，每一種新媒體的引入都會打破原有的感官平衡，迫使人類適應新的感知模式。例如，電報讓訊息傳遞超越了空間限制，重塑了商業與政治的運作；電

視則通過視覺化的敘事,改變了公眾對現實的理解,使事件不再侷限於本地。在當代,智慧手機作為多感官的延伸與共振,使我們不再僅是使用媒體,而是與媒體共生。將觸覺、視覺與聽覺整合為一體,使我們隨時處於「連線」狀態,但也導致注意力分散與資訊過載。這一理論提醒我們,媒體不僅是技術的產物,更是人類進化的一部分,其影響深入到我們的認知與行為。麥克魯漢的理論,在此提供了一種深刻的認知框架:理解媒體的關鍵不在於內容,而在於它如何滲透我們的感知結構與生活節奏。

## 2. 媒體即訊息(形式即力量)

「媒體即訊息」是麥克魯漢最具標誌性的論斷,強調媒體的形式與結構,才是塑造社會的關鍵,而非其傳遞的內容,顛覆了傳統傳播學將焦點放在內容上的做法。例如,電視的即時性與視覺化特性改變了人們對事件的感知方式,無論其播放的是新聞還是廣告;印刷術的標準化與線性邏輯則促成了現代科學與民族國家的興起。麥克魯漢認為,內容只是「另一種媒體」的表達,而真正改變世界的,是媒體本身的技術屬性。

這一觀點顛覆了傳統傳播學的內容中心論,迫使我們重新審視技術的隱性影響。尤其在數位時代,當我們將注意力投注於社群平台上的內容時,常忽略了平台本身的「訊息性」,而社群媒體的「即時反饋」與「個人化推送」機制,重塑了用戶的時間觀念與資訊消費習慣,使我們更習慣於「被推送」而非主動搜尋,養成碎片化、短期性思維的習慣。例如,短影片平台的快速剪輯與演算法推薦,讓用

戶更傾向於碎片化的資訊接收，而非深度閱讀或思考。這呼應了麥克魯漢的警告：媒體如同環境，沉默卻強大。我們身處其中，卻不自知。正如魚不會意識到水的存在，我們也常忽略媒體形式的深遠影響。

### 3. 媒體塑造社會與感知方式

麥克魯漢認為，每一種新媒體的出現都會重新配置人類的感官平衡與社會組織，已經不只是傳播工具。例如，口語文化強調聽覺與集體記憶，印刷文化則促進了視覺主導的個人主義，而電子媒體則通過即時性與多感官刺激，創造了新的集體連結。他將這一過程比喻為「神經系統的延伸」，認為媒體不僅改變了個體的認知，也重塑社會的權力結構與文化模式。

以印刷術為例，其標準化與可複製性催生了現代教育、科學革命與民族國家，因為書寫語言的標準化建立了「共同想像的社群」，但也削弱了口語文化的即興性與社群凝聚力。反觀電子媒體，電視與廣播的出現讓全球事件得以即時共享和喚起了某種「聽視同步」的社群感，使人類重返集體參與的感知模式，促進了文化全球化，但也帶來了資訊過載與感官麻木。當代網路媒體的即時性與互動性使每個人都能成為訊息的發送者與接收者，形成碎片化但無所不在的公共空間。虛假資訊的擴散、演算法偏誤與過度個人化，正是媒體形塑社會現實的負面外溢。麥克魯漢的「媒體環境」概念，讓我們得以從宏觀角度審視：是什麼樣的感官結構，促成了今天這樣的社會現象？麥克盧漢的理論為我們提供

了一個框架,讓我們能夠追溯技術如何在歷史長河中塑造人類社會,並反思當前的數位挑戰。

## 4.地球村(Global Village):連結與張力的兩面性

麥克魯漢預言,電子媒體將打破時空的限制,使全球成為一個緊密相連的「地球村」,描繪了一種高度媒體化所導致的全球互聯狀態。在電報與電話時代,這一願景已初現端倪;到了電視時代,全球事件的即時轉播進一步縮短了距離。而今日的網際網路與社群媒體,將「地球村」推向了極致:人們可以即時分享訊息、參與全球對話,甚至在虛擬空間中建立跨國社群,這種全球同步的能力,在重大事件如自然災害、全球運動或戰爭爆發時展現得淋漓盡致——我們身處不同角落,卻共感同一情境。

然而,這種連結的背後,也蘊藏著無法忽視的張力與風險。文化衝突、資訊污染、監控科技的濫用等問題,讓「地球村」成為一個既開放又脆弱的共同體。今日社群媒體的即時轉播與網絡輿論場,讓我們似乎擁有參與世界的權利,卻也讓我們暴露於演算法操控與資訊繭房中。麥克盧漢提醒我們,高度連結的同時,也帶來了新的衝突與挑戰。例如,數位時代的資訊爆炸讓文化差異更顯著,全球化的同時也引發了在地化的反彈。此外,地球村中的「透明性」可能導致隱私喪失與監控資本主義的興起。麥克盧漢的預言不僅揭示了技術的潛力,也提示我們警惕其潛在的副作用,這在當前的數位社會中尤為重要。

5. 熱媒體與冷媒體的分類

麥克魯漢將媒體分為「熱媒體」與「冷媒體」，以描述其資訊密度與參與度的差異。熱媒體（如印刷品、電影）資訊密度高，參與度低，觀眾只需被動接受；冷媒體（如電話、電視）資訊密度低，參與度高，觀眾需要主動填補訊息的空白。例如，閱讀一本書（熱媒體）要求讀者專注於線性文字，而觀看電視（冷媒體）則允許觀眾以較低的注意力參與，通過畫面與聲音的結合自行解讀。

這一分類為分析媒體的感官影響提供了獨特視角，但在數位時代的複雜環境中顯得有些簡化。例如，社群媒體兼具熱媒體（高解析度圖像、結構化內容）與冷媒體（互動性、用戶生成內容）的特徵，難以簡單歸類。然而，麥克盧漢的框架仍然有助於我們理解不同媒體如何調動感官。例如，短影片平台的快速切換與互動性（冷媒體特徵）刺激了用戶的即時反應，但其高解析度視覺效果（熱媒體特徵）也可能導致感官疲勞。這一理論提醒我們，媒體的設計直接影響我們的參與方式與認知負荷。

## 引經據典

1. 我們塑造我們的工具，而後我們的工具又塑造了我們。（p.23）
2. 有關人的各式延伸，若不放在一起全盤考量，就簡直無法回答。因為任何延伸，不論是皮膚或手腳的延伸，都影響到整個心理與社會的複合體。（p.32）
3. 熱形式具有排他性，冷形式具有包納含括性。

（p. 55）
4. 難怪任何強烈經驗都必須先遭「忘卻」、「禁抑」，並簡約至極冷狀態，才可以「學會」或消化吸收。（p. 55）
5. 任何發明、任何科技，都是我們生理肉身的延伸或自我切除，而這樣點身，也必需在身體的其他器官與延伸中取得新的比率或平衡。（p. 79）
6. 如今人已經藉由電的科技，延伸了自己的中央神經系統，於是戰爭場地轉向心靈映像的製造與打破，不論在軍事還是企業的戰場。（p. 138）
7. 因此在我們這個立即、非視覺相交的電時代裡，我們發現自己茫然不知所措，無法再界定「理性」，也許就只是因為打從一開始，我們就沒注意過這所謂「理性」是從哪兒來的（p. 153）
8. 許多分析人士都被電媒體所誤導，因為這些媒體看似延伸了人的空間組織能力，其實電媒體卻是廢了而非擴大空間次元。（p. 297）

## 思辯探索

### 媒體如何改變我們的感知方式

麥克魯漢認為，每一種媒介都是人類感官的延伸。手機讓我們擴張了溝通能力，但也讓我們對「當下」的感知變得碎片化。我發現自己滑手機時，常常一邊看影片、一邊聽音樂，卻無法專注，對實際的現場感知力變差了，變得就連滑手機這件事都無法專心，養成了壞習慣，或讀書時一定要聽音樂才有辦法專注。而每一次手機通知都是對現實的打斷，我們的專注被切割成碎片。這呼應了書中對於

媒體如何改變感官平衡的說明:新媒體讓人更「即時連線」,但卻難以深度參與。

## 人被媒體塑造,而不是反過來使用媒體

我們被媒體「使用」,卻不自覺,麥克魯漢提醒我們:人是媒體的延伸,但媒體也在「反過來重塑人」。像我每天都滑手機,但我並不常反思:為什麼我要打開它?我在看什麼?我的時間是誰在安排?常常變成無意識地就重複打開各大社群媒體,這提醒我,科技帶來的方便,也可能是操控。很多時候,我們是被通知「叫去看」的,而不是主動查訊息。這說明麥克魯漢的觀點:我們以為我們使用媒體,其實是媒體在使用我們。

## 媒體技術讓溝通更快,也更容易誤解

雖然即時通訊讓聯繫變得快速,但情緒與語境的缺失,反而讓誤解變多。我曾在訊息中用一個笑臉 emoji,對方卻以為我在嘲諷他,後來才發現,沒有語氣、眼神等「原始媒介」支撐的溝通,訊息傳遞其實更容易失真。

社群媒體如何建構我們的自我認同書中提到,媒體不是單純傳遞訊息,而是「塑造我們」。我發現,社群媒體讓我更容易用他人的「觀看」來定義自己,比如發文會在意讚數和瀏覽次數,選照片也會挑能呈現某種形象的。這讓我開始懷疑:我的自我認同,究竟有多少是「被媒體框出來的」?以及我究竟想呈現我的哪一面?

| 問題焦點 | 問題思考 | 問題行動 | 問題結果 |
|---|---|---|---|
| 媒體如何改變感知方式 | 手機讓資訊快速流通,但也讓我難以專注在現場,且易受通知聲打斷專注 | 嘗試設定每日「無媒體時段」來回到感官現場,並在平日裡關閉非必要的通知 | 專注力略有提升,與人相處更能感受到「當下」 |
| 我是否被媒體操控 | 我時常無意識滑手機,被演算法牽著走 | 反思滑手機帶來的依賴感,開始使用螢幕時間報告觀察行為,轉為有意識地滑手機 | 發現自己其實沒那麼需要一直在線,也更清楚什麼內容讓我分心 |
| 溝通便利但易誤解 | 沒有語境的訊息,容易讓人曲解語意 | 重要事情盡量用語音或面對面溝通 | 誤解減少,人際溝通更順暢,增加人與人的直接互動 |
| 社群媒體影響自我認同 | 我開始在意他人眼光,並以按讚數衡量自我價值 | 減少發文頻率,轉向私下記錄生活 | 自我焦慮感降低,對自己的感覺更誠實 |

## 結論

　　讀完《認識媒體:人的延伸》,我逐漸意識到,媒體不只是我們用來「觀看世界」的工具,更是塑造我們如何感知、如何互動、甚至如何理解「自我」的深層結構。麥克魯漢的理論讓我重新思考與媒體

的關係：我們以為我們在主動選擇內容，實則不斷被媒體的形式與節奏牽引、塑形。身處數位時代，我們已難以與媒體保持絕對的距離，但正因如此，更需要建立對媒體的感知覺察與批判意識。學會察覺媒體如何延伸我們的感官，也許就是重新找回主體性的起點。在這個高度媒體化的世界裡，保持一段「覺知的距離」，可能正是理解自己、也理解世界的方式之一。

| 思維 | 公民 | 人文 | 自然 | 資訊 | 科學 |
| --- | --- | --- | --- | --- | --- |
| 美學 | 倫理 | 社會 | 科技 | 創意 | 宏觀 |

## 26 數位狂潮下的媒體重生

書名：媒體失效的年代
作者：傑夫・賈維斯（Jeff Jarvis）
版本：天下文化(2016)
撰文者：尹興柔

### 導讀

　　本書由美國媒體學者傑夫・賈維斯撰寫，深刻剖析數位時代下傳統媒體面臨的結構性失效危機。作者從商業模式、技術應用、社會責任三大維度切入，批判媒體產業固守單向傳播、過度商業化等弊端，並提出「平台型媒體」「公共服務新聞」等轉型路徑。全書結合案例與理論，引導讀者反思媒體本質，探索未來生態重構的可能性。

### 細看名著

**新聞本質重構：從單向內容生產轉向雙向關係服務，強調公眾共創價值。**

　　賈維斯在《媒體失效的年代》中，重新定義新聞業的核心任務為「建立關係」而非「生產內容」。他批判傳統媒體將自身定位為「內容製造者」，強調此思維已無法適應數位時代的需求。新聞的價值不再取決於獨家報導或流量，而是取決於媒體能否

成為「社群服務者」——協助公眾分享資訊、組織對話，並將報導轉化為可行動的公共議題解決方案。例如，透過數據分析掌握讀者需求（如位置、興趣、行為模式），媒體可提供個人化資訊服務；透過開放平台讓公眾參與報導（如公民記者協作、社群回饋修正），則能創造更具深度的「共創新聞」（co-created journalism）。這種轉型要求記者從「權威敘事者」轉為「對話策展人」，例如《紐約時報》實驗性派遣記者深入社區，與在地組織合作建構「新聞生態系」，而非單向產製報導。

### 商業模式批判：揭露傳統媒體依賴廣告、忽略用戶需求的僵化困境

　　賈維斯直指傳統媒體的商業模式本質是「壟斷時代的遺物」：依賴廣告收入、忽視用戶個體價值、將讀者視為被動的流量商品。例如，報業曾壟斷分類廣告市場，但網路瓦解了這種中間人角色，使汽車經銷商、零售商等廣告主能直接接觸消費者，導致媒體定價權消失。此外，付費牆被批評為「將內容鎖在對話之外」，既阻礙資訊流通，也低估數位時代「連結經濟」（link economy）的價值——內容需透過分享與協作才能擴大影響力。賈維斯更揭露傳統媒體的結構性矛盾：為追求股東利益而裁減新聞編輯部，卻又試圖以遊說政府監管科技公司來延續壟斷地位，形成「將金錢投入無底洞」的惡性循環。

### 技術滯後危機：傳統媒體在數據分析、AI 應用等領域落後科技公司

傳統媒體的技術困境體現於兩方面：

**數據應用落差**：科技公司如 Google 擅長從用戶行為中提煉「可行動的智慧」（actionable intelligence），例如透過 GPS 定位提供在地化服務，而媒體仍停留在「頁面瀏覽量」等粗淺指標。

**平台化能力不足**：賈維斯主張媒體應轉型為「作業系統式平台」，開放 API 供第三方開發工具或整合社群內容，但多數媒體仍固守「專有內容堡壘」模式，未能像 Facebook 或 Line 般成為公眾日常資訊入口。更關鍵的是，AI 技術加劇此差距：生成式 AI（如 ChatGPT）可主動彙整資訊摘要，傳統媒體的內容若缺乏結構化數據與即時互動介面，將淪為 AI 訓練資料的「無名供應者」，失去品牌價值與變現能力。

**在地化生存策略：深耕社區議題，建立不可替代的「小眾黏著度」**

賈維斯提出「超本地化」（hyperlocal）策略：媒體需聚焦社區議題，透過線下活動、公民協作與長尾服務建立不可取代的信任關係。例如：

美國《紐澤西新聞共同體》（New Jersey News Commons）串聯 120 家在地媒體，共享資源並協作報導，強化區域議題的覆蓋深度。

中國《珠江時報》發行 10 份社區報，結合微信公眾號與線下活動（如法律諮詢、文化市集），直接進入 45 萬戶家庭，將媒體轉化為「生活服務平台」。此模式成功關鍵在於「關係密度」：媒體需長期投入社區網絡，成為公共議題的「基礎設施」而非偶發報導者，例如透過常設「社區編輯室」與

居民共擬報導方向。

**媒體素養教育：透過批判性思考應對假新聞、演算法偏見等挑戰**

賈維斯將媒體素養視為「數位公民的生存技能」，其框架包含三層次：

**技術批判**：解析演算法如何塑造資訊繭房，例如 Facebook 動態牆的內容篩選機制如何強化偏見。

**生產參與**：培訓公眾使用數位工具協作生產資訊，例如教導學生以數據視覺化工具揭露政策矛盾，將「消費者」轉為「創造者」。

**倫理辨識**：透過案例討論（如深偽影片、社群媒體操選舉）培養價值判斷力，區分「透明化報導」與「煽動性內容」的差異。紐約教育視頻中心（EVC）即示範如何結合媒體製作與批判教育：青少年透過拍攝紀錄片，學習解構媒體敘事中的權力結構，並以協作創作回應社會議題。此模式強調「做中學」，將素養教育從被動接收轉為主動參與，正是賈維斯倡議的「新聞業公共服務化」實踐。

## 引經據典

1. 「新聞業已不瞭解自身行業，仍將自身定位為『內容權威』，卻忽視受眾的參與能力。」
2. 「媒體需建立與受眾的雙向互動，協助公眾彼此提供見聞，而非壟斷資訊生產。」
3. 「公共服務新聞應回歸監督權力、促進民主的核心責任。」
4. 「平台型媒體是未來出路：整合專業記者、公民

記者與用戶產製內容。」
5.「媒體失效並非終結,而是重生的契機。」
6.「技術應用需平衡演算法效率與人文批判精神。」
7.「流量至上的商業模式,終將弱化媒體的公共服務功能。」
8.「在地化深耕是抵禦全球化媒體壟斷的最後堡壘。」

## 思辯探索

### 1. 假新聞的泛濫與辨識困境

書中批判演算法偏見助長假新聞傳播,這與我日常使用社交媒體的經驗高度重疊。例如,家族群組常轉發未經查證的健康資訊,甚至引發恐慌。作者強調媒體素養教育的重要性,促使我反思:是否應主動學習事實查核技巧?又該如何引導長輩辨別訊息真偽?這不僅是個人能力提升,更是數位公民的社會責任。

### 2. 演算法同溫層與社會分化

書中提到「流量至上」導致平台強化同質化內容推薦,這讓我聯想到自己的 YouTube 首頁總是被相似主題影片淹沒。當演算法不斷餵養既定觀點,是否無形中加深了對立立場的隔閡?作者主張「主動接觸多元觀點」,我嘗試追蹤不同立場的媒體帳號,卻發現情緒化標題仍主導點擊行為,這凸顯了技術倫理與個人意識雙重改革的必要性。

### 3. 傳統媒體信任危機的雙面性

賈維斯指出媒體與公眾的「關係斷裂」,這在生活中有鮮明印證:年輕世代寧可相信網紅爆料而非主流媒體報導。然而,當自媒體缺乏專業把關時,我曾因輕信某 KOL 的投資建議而蒙受損失。這讓我重新思考:在唾棄傳統權威的同時,是否也需為「專業性」保留生存空間?

### 4. 自媒體崛起下的角色焦慮

書中預言「公民記者將與專業記者共創內容」,但我的實際體驗卻更複雜。例如,社群平台上的災難現場直擊雖即時,卻常缺乏背景脈絡;而專業媒體的深度報導又因付費牆限制傳播。這種矛盾呼應了作者的警示:若媒體僅聚焦「內容產製競爭」,而忽視「公共服務協作」,最終仍無法解決信任赤字。

| 問題焦點 | 問題思考 | 問題行動 | 問題結果 |
| --- | --- | --- | --- |
| 假新聞泛濫 | 如何辨別資訊真偽? | 加強媒體素養教育 | 提升公眾獨立判斷能力 |
| 演算法推薦同溫層 | 是否加劇社會分化? | 主動接觸多元觀點 | 打破資訊繭房,促進對話 |
| 傳統媒體信任危機 | 為何失去公眾信賴? | 媒體透明化運作 | 重建「關鍵型」媒體互動 |
| 自媒體崛起 | 專業記者角色是否被取代 | 強化深度調查與事實核查 | 確立專業媒體的不可替代性 |

## 結語:媒體轉型的共生路徑

賈維斯的論述揭示,媒體存續關鍵在於「重新

定義自身角色」:從壟斷內容的製造商,轉為促進社會對話的服務者。這需同步改革商業模式(如訂閱制轉向會員制)、擁抱技術工具(如 AI 輔助協作)、深化社區連結,並將媒體素養視為民主防衛機制。唯有如此,媒體方能於科技巨頭主導的時代中,找到「小而重要」的生存立足點。

| 思維 | 公民 | 人文 | 自然 | 資訊 | 科學 |
|------|------|------|------|------|------|
| 美學 | 倫理 | 社會 | 科技 | 創意 | 宏觀 |

# 從《身分政治》看現代社會的認同焦慮

書名：身分政治
作者：法蘭西斯・福山
版本：時報（2020）
撰文者：黃敬棻

## 導讀

　　《身分政治》是美國政治學者法蘭西斯・福山於 2018 年出版的重要著作。這本書雖然篇幅不長，但閱讀起來卻極具深度，能夠引導我們對現代社會中各種衝突與不安重新思考。在我閱讀的過程中，不只學到了理論，更產生了很多跟自己生活經驗有關的思考，因此覺得這本書值得推薦給同樣對社會、政治、人際關係感到好奇或迷惘的大學生。

　　《身分政治：民粹崛起、民主倒退，認同與尊嚴的鬥爭為何席捲當代世界》，全新版導讀由林明仁老師撰寫，他是台灣熟悉福山作品的學者，透過他的引導，我更容易理解書中的核心概念和背景脈絡。此書目前有實體書與電子書兩個版本，我選擇閱讀電子書，閱讀方便，也便於隨時回顧、標註與記錄重點。

## 簡介與主題介紹

福山在書中想解答一個問題：「為什麼當代政治不再只是爭取資源或經濟利益，而是轉向『我是誰』這樣的身分認同問題？」他指出，今天世界各地的社會運動與政治爭論，往往不是單純關於財富的分配，而是關於某些人、某些群體是否受到社會公平對待、是否能夠獲得足夠的尊重與承認。這樣的現象，他稱之為「身分政治」。

這個概念讓我有很深的感觸。因為在過去，我對政治的想像多半侷限在新聞中的政黨鬥爭或公共政策的爭辯上，卻忽略了政治其實也滲透在我們日常生活中的各個角落，比如：性別平權、族群認同、原住民族權益、性少數的平等對待等，這些看似社會議題，其實都涉及到「身分認同」與「尊嚴」的問題。

福山在書中明確指出，這種追求認同的動力，其實是來自人類內心對「被看見」、「被尊重」的渴望。這種渴望如果沒有被滿足，會轉化為憤怒與怨恨，進而促成一波又一波的抗爭與社會撕裂。而這也是現今世界許多國家社會極化、對立加劇的原因。

法蘭西斯・福山是當代知名的政治學者，畢業於康乃爾大學與哈佛大學，曾在美國國務院與蘭德公司工作。最為人所知的作品是《歷史的終結與最後一人》，這本書在冷戰結束後提出「自由民主是人類歷史的最終發展階段」的理論，引起極大迴響。

與《歷史的終結》相比，《身分政治》雖然更為精簡，但在我看來，它反映出福山對當代社會轉

變的深刻觀察。他從歷史、哲學、心理學和政治制度的角度，嘗試剖析人們「為什麼會對身分如此敏感？」「這種敏感怎麼影響我們對社會的期待與行為？」「身分的強化是否可能反過來削弱民主制度本身的穩定性？」這些問題看似抽象，但當我用自己的生活經驗去對照，卻發現它們非常貼近現實。

全書的主軸圍繞著「尊嚴的渴望」這個概念。福山指出，古典哲學家柏拉圖曾提過，人的靈魂由三個部分組成：理性、慾望與激情。而激情就是人對於「被承認」的渴望。這部分在現代社會中被放大，成為了政治運動與身分抗爭的驅動力。

書中也提到，身分認同的政治形式從過去的民族主義轉變為今天的性別、種族、宗教、文化等多元認同的交織。這種轉變帶來了一些正面效果，例如提升對弱勢群體的關注與保護，但也可能產生負面影響，像是形成排他性的政治立場、激化對立與不信任。

福山對這樣的現象並不完全否定，但他認為，要讓民主制度繼續發揮作用，我們必須從「身分的差異」中找到一種普遍性的尊嚴政治。意思是，無論一個人是什麼性別、什麼種族、來自哪個社會階層，我們都應該以人為出發點，保障其基本的尊嚴與權利，而不是讓政治只侷限於某些特定身分的利益爭奪。

本書價值，這本書之所以吸引我，是因為它提供了一個新的角度去理解我們當代面臨的很多問題。過去我可能只看到表面現象，比如社會運動的口號、媒體上的衝突新聞，但福山讓我意識到，那背後其

實有一個共同的核心：人們都希望自己能被平等地對待、被認可是有價值的人。

這讓我重新審視了自己在生活中是否也有「過度依賴他人肯定」的情況，也反思了我對不同群體的理解是否足夠開放與包容。在面對與我背景不同的同學或社群時，我是不是也曾無意中預設立場？或者缺乏傾聽與理解的耐心？

《身分政治》不只是一本學術書，更像是一面鏡子，讓我從個人經驗連接到社會整體，也讓我思考：「未來的我們，要怎麼建立一個既能承認差異，又能維持團結與共識的社會？」

## 細看名著

### 身分政治的崛起

隨著社會的變遷，現代政治不再僅關注經濟或利益分配，而是轉向身分認同問題。很多政治運動圍繞著特定群體爭取認同和尊嚴，這讓我開始理解為何現代社會中的政治鬥爭，越來越多的是關於"我是誰"而非"我應該擁有什麼"。

### 尊嚴與認同感的重要性

書中提到，每個人都需要感受到自己是有價值的，這是人類的基本需求。對我來說，這讓我反思自己在學校中所追求的不僅是成績，而是老師與同學對我的認可和尊重。這也解釋了為何有些人遇到社會排斥時會有極大的挫敗感。

### 身分政治如何分裂社會

福山說，當社會過度強調某些群體的身分認同時，反而會讓其他群體感到被排除或被忽視。這讓我想到大學裡的社團活動，雖然每個社群都有自己的特殊文化和價值，但若過於堅持自己的立場，也許會忽略其他人的感受與需求，甚至可能造成衝突。

**民主社會中的制度保障**

書中提到，民主制度本應保障每個人平等的尊嚴和權利，但在現實中，制度的落實並不總是理想。就像我們學校的各項政策，雖然都強調平等與機會，但有些學科資源明顯不足，這讓我反思真正的平等是否能夠實現。

**包容性與普遍性的思維轉變**

最後，福山提到，解決身分政治問題的關鍵是轉向一個普遍性的"尊嚴政治"，而非以狹隘的身分為依歸。這讓我想到，未來在與不同背景的人合作時，我不應該只看到他們的不同，還應該關注我們之間的共通點，這樣才能真正達成合作與理解。

## 引經據典

1. 自由民主成了世界許多政府的預設形式——至少志在民主，就算沒有落實。第一章《尊嚴政治》(15%)。
2. 「凌駕他人的激情」的問題在於，每有一人被認定為高人一等，就有更多人被視為矮人一截，有更多人身而為人的價值並未得到公眾認同。第二章 《心靈的第三部分》(21%)。

3. 一個只有少數人的尊嚴獲得承認的世界,將被新世界取代,而新世界的創建原則,將是承認所有人的尊嚴。第四章《從尊嚴到民主》(33%)。
4. 成功的民主仰賴的不是完美實現理想,而是取得平衡:個人自由與政治平等之間的平衡,行使合法權力的有能政府和抑制政府的法律及可問責制度之間的平衡。第五章《尊嚴革命》(39%)。
5. 有效地承認公民是有能力做政治選擇的平等成年人,是成為自由民主政體最起碼的條件。第五章《尊嚴革命》(42%)。
6. 從社區過渡到社會所引發的心理斷層,為一種起於濃濃鄉愁的民族主義意識形態奠定基礎:人們懷念想像中緊密社區的過往,那裡不存在多元現代社會的分裂及混亂。第七章《民族主義與宗教》(50%)。
7. 經濟困頓往往不會被個人理解為資源剝奪,而是身分喪失。第九章《隱形人》(62%)。
8. 人們對於「失去」,比「獲得」敏感得多。也就是說,人們可能會花更多心力避免損失一百美元,勝過多賺一百美元。第九章《隱形人》(62%)。
(電子版本總頁數為 256 頁)

## 思辯探索

### 身分認同的追求與被看見的渴望

書中提到人類內心有一種強烈的渴望——希望自己的價值能被他人承認。在我的經驗中,無論是在學校發表報告,或在社群媒體上分享作品,抑或是現實中對於他人對自身外貌的評價,背後其實都

反映了「被看見」與「被尊重」的需求。這種需求若未被滿足，會導致挫折，甚至懷疑自我價值與自卑。

### 群體標籤造成的隔閡

我曾因為所屬的家庭背景或性別而被他人預設立場，這與書中提到的「身分政治」過度化所產生的社會分裂相似。這些標籤不只影響他人如何看我，也深深影響我如何定義自己，甚至產生距離與不信任。

### 制度的公平性與實際落差

書中提到民主制度致力於保障所有人的尊嚴，但實際生活中仍有許多制度落差。例如我曾觀察到在學校系統中，特殊需求學生常因缺乏資源而被忽略，這顯示制度雖有理想，但落實過程中仍需努力。

### 超越身分差異的理解與合作

在參與跨領域合作時，我學到與不同背景的人對話需要更多同理與耐心。書中呼籲從「封閉的身分政治」轉向「普遍性的尊嚴政治」，提醒我在生活中，也應該練習包容差異，尋求共同立場與合作可能。

| 問題焦點 | 問題思考 | 問題行動 | 問題結果 |
| --- | --- | --- | --- |
| 過度渴望及依賴他人認同 | 個人渴望被尊重與看見，這是身分認同的核心需求。 | 主動表達自己，建立自己的自信心。多稱讚他人和自己。 | 增進自我肯定與人際關係的正向互動，減少誤解與疏離感。 |

| 問題焦點 | 問題思考 | 問題行動 | 問題結果 |
|---|---|---|---|
| 標籤如何影響彼此的認知與互動 | 群體標籤可能造成刻板印象與社會隔閡，阻礙對話與理解。 | 在生活中避免以單一身分定義他人與預設立場，主動與不同背景者交流，尋求真實了解。 | 減少偏見與隔閡，提升人際信任與合作效率。 |
| 制度如何實踐平等與尊嚴 | 民主制度理應保障尊嚴，但現實中仍存在差距，弱勢群體常被忽略。 | 觀察並反映生活中的制度不公，例如透過寫作、倡議或加入志工服務來推動改變。 | 提升社會公平感與對弱勢的關注，促使制度更貼近現實需求。 |
| 如何促進不同身分者的合作與共識 | 超越身分差異需建立在理解與尊重的基礎上，否則容易陷入分裂對立。 | 在合作與討論中練習傾聽與包容差異，尋找價值上的共通點，而非堅守立場爭辯對錯。 | 促進跨身分的合作與連結，創造開放包容的互動空間，形成建設性的集體行動與共識。 |

| 思維 | 公民 | 人文 | 自然 | 資訊 | 科學 |
|---|---|---|---|---|---|
| 美學 | 倫理 | 社會 | 科技 | 創意 | 宏觀 |

# 四騎士與人性的戰場：科技巨頭如何重塑我們的選擇與自由

書名：Facebook、Google、Amazon、Apple － 四騎士主宰的未來
作者：史考特・蓋洛威（Scott Galloway）
版本：天下雜誌出版（2018年）
撰文者：林卓立

## 導讀

在這個幾乎所有人都仰賴智慧型手機與網路服務的時代，科技早已不只是工具，而是一種生活的空氣與背景音。每當我們滑開手機螢幕，不論是搜尋知識、購買商品、分享心情，或只是打發時間，其實都在與這四騎士互動。這四家公司無形中定義了什麼是「便利」、「連結」、「美感」與「智慧」。也因此，這本書的價值不僅在於揭露企業運作的邏輯，更讓我們意識到：我們早已活在他們建構的世界裡，只是自己未曾察覺。

讀這本書，不只是了解科技產業，而是重新思考「現代生活的本質」。每一位讀者都能從中對應到自己的處境——無論你是消費者、創業者、學生

或父母，這些企業都以不同方式影響著你。這不只是四家公司的故事，而是我們這一代人的集體經驗。

蓋洛威的筆觸像是一位誠實的朋友，既提醒你現實的殘酷，也給你未來的方向。他不講空泛的樂觀，也不陷入憤世嫉俗，而是透過清楚的邏輯與大膽的預測，讓我們能更清醒地面對當代的選擇題。

本書是一部深入剖析 當代最具影響力的四大科技巨頭 — Amazon、Apple、Facebook、Google — 如何運用科技、資本與人性打造出無人能敵的帝國。本書不只是科技分析，更結合心理學、社會學、經濟學與人類行為學，探索這四騎士如何滲透我們的生活、信仰與決策。

透過大膽又犀利的觀察，作者指出：我們以為四騎士改善了生活，但事實上，他們可能也正悄悄主宰著我們的自由與選擇。

這四騎士所展現的，不只是科技企業的「成功公式」，更是一種新型態的文明架構。他們重構了我們對「知識」、「社交」、「消費」、「美學」的想像。當 Google 讓知識變成輸入關鍵字的遊戲，當 Facebook 讓人際關係可以用按讚計量，當 Amazon 把購物變成無痛下單的本能，當 Apple 把科技與時尚融為一體——我們的生活也隨之發生質變。這些變化看似自然，其實是一連串經過精心設計的行為導引。

書中也點出一個關鍵觀察：當企業掌握的已不只是市場，而是我們的「時間與注意力」，那麼權力的結構也隨之轉移。過去掌權的是政府、宗教、學術體系，現在，則是能操控演算法與平台規則的

科技巨頭。

史考特・蓋洛威（Scott Galloway），美國紐約大學史登商學院教授，教授品牌策略與數位行銷。創業家與企業顧問，曾創立多家企業（如 Prophet、L2 Inc.），並擔任《紐約時報》等媒體公司董事。擅長以直接、有力、幽默的語調分析企業趨勢與社會變化。著有《Post Corona》、《The Algebra of Happiness》等暢銷書。

他在書中不僅以學者與企業家的眼光分析現況，更不避諱批評，提出對未來社會與個人選擇的深刻思辨。

書中主要說明哪些事物？

## 1. 四大企業的本質與成長模型

如何掌握人性（慾望、信仰、社交、知識）打造不可取代的平台。

透過壟斷、市值操控、數據搜集與 AI 算法形成巨大影響力。

## 2. 這些科技巨頭對社會與個人生活的影響

消費模式、隱私觀念、新聞真實性、民主機制等正被悄悄重構。

我們變成既是使用者，也是商品。

## 3. 下一個科技巨獸會是誰？第五騎士？

探討可能威脅四騎士的競爭者，如阿里巴巴、微軟、Tesla 等。

## 4. 我們要如何應對未來？

書末指出：面對科技巨頭與快速變遷，個人需要培養：情緒成熟度、終身學習力、社交與人際溝通、個人品牌與競爭優勢的建立。

## 細看名著

四騎士操控的不只是產業，而是「人性本能」，作者用人類學的視角剖析 Amazon、Apple、Facebook、Google 如何不是靠技術，而是靠對「人類基本本能」的滿足─例如 Amazon 滿足「蒐集與掌控」、Apple 呼應「美與地位」、Facebook 利用「社交與認同」、Google 成為「知識與神明的化身」。

提醒我：真正改變世界的，是抓住人心。

強者未必靠創新，常靠「規模與壟斷」

書中多次提到，四騎士能擴張，是因為他們懂得如何透過數據、資本與壟斷式平台，壓制競爭者，甚至預測並收購潛在敵人。創新只是他們的皮，實際是對效率與擴張的極致追求。提醒我：世界從來不是公平的，但你可以學會玩得聰明。

抓住「人類的非理性」，就能掌控市場

無論是Facebook的演算法投你所好、Apple 的信仰式品牌、Amazon 的推薦系統，這些企業都在利用我們不理性、情緒化、重視即時回饋的心理。提醒我：了解心理，就是理解世界的捷徑。

一個人的成功來自「參與」與「情緒成熟度」

書末談到人生與職涯，最讓人受用的一句是：「贏家最重要的特質，就是參與競爭。你無法不上場就獲勝。」另有提到，情緒成熟、體能穩定、勇

敢求助與幫助他人，是最終決定誰能走得遠的要素。
提醒我：持續參與，穩住情緒，才是長線勝者。
　　最重要的資產是「與世界對話的能力」
　　無論你是科技人、創業家還是一般職場人，書中反覆強調：這個世界已經不只看「能力」，而是看「能不能讓別人注意到你有能力」——這就是品牌、社群、聲量的本質。提醒我：打造個人品牌，不再是選項，而是生存策略。

## 引經據典

1. 「卓越、毅力、同理心是永不過時的成功人士特質。」（章節：第 11 章《騎士之後》個人成功因素段落。）
2. 「最重要的元素就是情緒成熟度。」（章節：第 11 章《騎士之後》關於 20 歲世代的成長差異。）
3. 「贏家最重要的特質，就是參與競爭。你無法不上場就獲勝。」（章節：第 11 章《騎士之後》養成成功習慣的段落。）
4. 「這世界不是任你拿，而是任你嘗試。努力嘗試，真的真的很努力。」（章節：第 11 章職涯初期的重要性與個人反思段落。）
5. 「跌倒的時候，要記住自己並非外界當下認為的那麼無能。遭受打擊時，重點是站起來，拍拍灰塵，接著比先前更努力。」（章節：第 11 章關於創業者與人生挫折。）
6. 「身體好，就不容易憂鬱，頭腦更清楚，睡眠品

質較佳，可能看上你的潛在配偶也更多。」（章節：第 11 章關於運動與身心強健的段落。）
7. 「想成功，就得請人幫忙。此外，自己也該養成提攜後進的習慣。」（章節：第 11 章助人與求助哲學段落。）
8. 「無私關懷他人是物種的生存關鍵，照顧者得到的報酬是生命。」（章節：第 10 章或 Facebook 章節關於愛與連結的段落。）
9. 「如果你在 800 公尺的地方吐了，在 1,400 公尺的地方開始失去意識，但依舊撐著划完 2,000 公尺，那麼你就有辦法應付棘手顧客。」（章節：第 11 章競爭與恆毅力的描述。）
10. 「清楚自己是誰的年輕人在碰上壓力時，依舊能保持鎮定，從做中學，愈戰愈勇。」（章節：第 11 章《騎士之後》中情緒成熟度段落。）

## 思辯探索

1. 數位產品如何成為我們的「日常依賴」？

   - 書中談到我們「邀請四騎士進入生活最私密的領域」。
   - 我反思自己每天早上第一件事就是滑手機，依賴 Google 找資料，用 Facebook 聯絡感情，甚至購物也靠 Amazon。

- 顯示這種「依賴」早已非選擇，而是日常機制。

2. 社群連結是真連結，還是假陪伴？
    - Facebook 讓人「感覺」與人有連結，但作者提醒這是一種商業設計，不見得帶來真正的社會支持。
    - 我的經驗是：按讚很多，但真正願意聽我傾訴的人很少。
    - 是不是我們也被這種虛擬互動麻痺了對「真實關係」的需求？

3. 追求成功的「參與」，與焦慮的現代節奏
    - 書中提到：「贏家最重要的特質，是參與競爭」。
    - 我會思考自己是否參與夠多？還是常常猶豫、觀望？又或者是參與太多，導致疲倦與迷惘？

- 現代生活太多選擇，反而讓我們失去專注與意志。

4. 自我品牌的重要性與焦慮
   - 書中提醒：你必須讓別人知道你有能力（個人品牌）。
   - 我的體會是，無論是履歷、自媒體、社群帳號，都得包裝自己，這讓人產生一種「我要活成別人喜歡的樣子」的焦慮。
   - 問題是：這還是我自己嗎？

| 問題焦點 | 問題思考 | 問題行動 | 問題結果 |
|---|---|---|---|
| 數位產品成癮與依賴 | 我是否失去對數位工具的選擇權？ | 減少起床後30分鐘內滑手機，嘗試定期數位斷捨離 | 注意力集中度提高，生活感知度提升 |
| 社群是真連結還是假陪伴 | 我的社群互動是否滿足真正的情感需求？ | 刪除無互動帳號，與三位朋友約實體聚會或深度對話 | 真實互動感更強，降低孤單感 |
| 參與競爭 vs 內心平衡 | 我是在努力，還是被焦慮推著走？ | 設定清楚目標，只參與對齊目標的行動，學習說不 | 減少內耗感，逐步重拾節奏與成就感 |
| 個人品牌與 | 我是為了真 | 建立價值導 | 更能吸引志 |

| 問題焦點 | 問題思考 | 問題行動 | 問題結果 |
|---|---|---|---|
| 自我價值 | 實展現自己,還是為了迎合別人? | 向的作品集或平台,分享對自己真實有意義的內容。 | 同道合者,減少與自我價值衝突的壓力 |

## 29 影像時代下的我與我們：從觀看到認識

書名：觀看的方式
作者：約翰・柏格
版本：麥田出版（2021三版）
撰文者：姚友慈

| 思維 | 公民 | 人文 | 自然 | 資訊 | 科學 |
|---|---|---|---|---|---|
| 美學 | 倫理 | 社會 | 科技 | 創意 | 宏觀 |

### 導讀

　　約翰・柏格是位知名的文化藝術評論家，同時兼具詩人、作家等身份。他的創作風格大多含有批判色彩，使得他在社會和政治議題上的見解也獨樹一幟。

　　本書為BBC系列記錄片的文稿內容，摘要出共七個章節，其中偶數章節為圖像，奇數章節為敘述，共分成：「觀看與影像」、「赤裸與裸體——女性的審視」、「油畫呈現的矛盾」、「廣告的影響」。其中，作者在「觀看與影像」的章節中提出一個重要的觀念，觀看先於言語，而影像只是觀看方式留下的痕跡。說明了觀看是一種主觀且被建構的行為，觀看者的理解也受到其文化、信仰與經驗的制約以及觀看不只是生理動作，更是一種權力與知識的展現方式。而在「赤裸與裸體——女性的

審視」中,作者更提出了女人內在的審視者為男性;被審視者為女性。指出女性從小就被教導要不斷檢視自己,這種習慣使她們在生活各方面都感到需迎合社會期待,而社會亦為男性主導,故女性常將男性的審視內化,用來對待內在自我。

透過以上案例可得知,此書雖薄,但內容卻十分精煉且富有思辨性,使讀者能透過深度的解說,擁有無限啟發與體悟。

## 細看名著

### 「觀看與影像」

作者從「觀看」這個日常行為出發,提醒讀者:觀看不單純只用眼睛看,而是牽涉到我們如何理解世界的方式。他指出,所有影像都是經過選擇後的再現,而非客觀真實的反映。以攝影為例,一張照片的構圖、角度、時機都是由攝影師決定,他們注入屬於自己的觀看方式與立場。同樣地,新聞、紀錄片、書籍,甚至我們每天在社群媒體上滑過的圖片,都是一種有意識的「觀看建構」,這種建構是創作者想要將觀看者導引到他們想呈現的結論上。而我們身為觀看者,也會受到知識背景、成長環境、社會價值等因素的影響,使得觀看本身成為一種被操控、被引導的行為。而本篇心得架構也是我透過自己的觀看方式去了解這本書,進而想呈現出的結論,也希望觀看者在閱讀本篇時仍能抱持懷疑的態度來面對。

### 「繪畫與市場價值」

書中提到照相機的誕生，使藝術作品可以被無限複製，從而削弱了繪畫原作的獨特性。（p. 24）作者不只是關心藝術的保存與傳播，更批判藝術如何在複製過程中失去了原本的文化脈絡與歷史。例如，一幅過去只能在教堂或貴族宅邸中觀看的畫作，如今可以被印在明信片、T-shirt 上隨意販售。這雖然增加了大眾接觸藝術的機會，但也導致作品本身的意義開始模糊，甚至淪為裝飾或商品。更重要的是，原作的價值逐漸不再由藝術本身決定，而它的價值變成了僅因是某件複製品的原作，最後被拍賣市場、品牌與資本操作出來的神祕感與象徵性地位取代。藝術變得不再純粹，是一種地位的象徵、一種投資標的，甚至是一種虛構的「神聖感」。

**「赤裸與裸體」**

　　作者在第三章提出了獨特的觀點：裸體並非赤裸，赤裸是去除一切的偽裝，裸體即是「被觀看」的赤裸。（p. 60）當身體被創作、展示並用來迎合某種目光時，它就從單純的「身體」轉變成為「表演的對象」。

　　在歐洲繪畫中，女性裸體畫常被安排以取悅觀看者的方式出現。畫中女性的視線不看向畫面內的其他角色，而是望向畫外的觀看者──多假設為男性。這樣的安排暗示了一種觀看權力的分配：男性是主動的觀看者，女性是被動的觀看對象，即使在藝術這個看似高雅的領域，也深植著性別階層。此外，即使當代社會宣稱男女平權，這種觀看模式卻仍深植於廣告、媒體與日常生活中，讓女性無形中仍在為「取悅他人」而展現自己。

「女性的審視」

　　接著，作者進一步分析，女性並不只是被觀看，她們也逐漸學會自我審視。這意味著女性在社會中不僅承受外界目光，還會將這些目光內化成自己看自己的方式，形成雙重角色。這使得女性從小到大需不斷調整自身行為與外表，以符合社會期待。書中指出，女性的身分就是由審視者與被審視者這兩個對立的自我所構成的，而這樣的自我分裂，源於長期受到男性觀看所主導的社會影響。在職場上、社交媒體上，女性往往比男性更容易被外貌、氣質、儀態等條件所衡量，而非實際能力或成就。作者透過藝術作品揭露了這種深層的文化結構，也促使我們反思：女性是否真正擁有觀看與定義自己的權利？還是一直活在他人目光的框架之下？

「廣告的影響」

　　在廣告的分析中，作者指出廣告不只是宣傳產品，它是一種語言，一種潛移默化的價值塑造。廣告總是傳達一個訊息：你現在還不夠好，購買某個東西，就能成為更好的自己。它建構了一種美好願景，吸引人們投入金錢、情感與想像，去追求那個理想化的「自己」。這樣的過程讓人們產生持續的欲望，也讓「缺乏」成為一種常態。廣告利用現實生活中的真實素材，如家庭、工作、時尚、美食等，包裝出一個看似可及卻又永遠無法真正達成的幸福圖像。最終，人們成了不斷追求轉變與認同的消費者，觀看也不再是中立的理解，而是一種情緒操控與價值導向。

## 引經據典

1. 觀看先於言語,藉由觀看我們確定自己置身在周遭世界中;我們用言語解釋這個世界,但言語永遠無法還原事實。(P. 08)
2. 我們注視的從來不只是事物本身;我們注視的永遠是事物與我們間的關係。(P. 09)
3. 如今,藝術原作都籠罩著一層虛假的宗教性,這種宗教性最終是以市場價格為依歸。(P. 29)
4. 鏡子真正的功能是讓女性成為共犯,和男人一樣首先把她自己當成一種景觀。(P. 29)
5. 赤裸是做你自己,裸體是做他人觀賞的赤裸者,而且自己尚未意識到這點。(P. 64)
6. 廣告之所以有效,是因為它以真實世界做為誘惑,它說服我們追求改變,它讓我們看到改變後的明顯實例。(P. 155)
7. 廣告從來不是在頌揚享樂本身,廣告永遠是鎖緊未來的購買者。(P. 155)
8. 廣告操弄的是一種恐懼,一無所有就一無所事的恐懼。(P. 168)
9. 廣告有助於掩飾和補償社會中不民主的現象,同時也掩蓋了世界上其他地方正在發生的事。(P. 176)
10. 不管在任何時代,藝術往往是為統治階級的意識形態利益服務。(P. 102)

## 思辯探索

「我們真的擁有觀看的自由嗎?」

閱讀《觀看的方式》後，我開始懷疑自己過去對「自由觀看」的想像。作者提醒我們，每一個影像的形成與傳播，都帶有觀看者與製作者的立場與意圖。當我在社群媒體上滑過一張張生活照，看似在自由選擇觀看內容，實際上卻是被演算法、廣告與主流價值觀引導的結果。我們追蹤的帳號、按讚的照片、被推送的影片，其實都是特定觀看方式的延伸。當我們以為看見的是「世界」，但其實只是一個舒適圈，當我們與同溫層的人較為熟悉時，我們會不習慣接受新的觀點，就像被洗腦一樣，進而會與立場相反者起衝突，變成一個無法客觀評斷事實的人。當觀看變成一種被安排的過程，我們的自由，其實也變得越來越有限。

　　不過我認為我們不全然失去了觀看的自由，雖然我們的觀看方式確實受到外在影響，但現代觀眾也因此擁有更多接觸多元資訊與反思媒體內容的能力，例如獨立新聞等。因此，我認為與其說「我們沒有自由」，不如說「我們需要學會如何爭取觀看的自由」，跨出同溫層，去觀察不同觀點的切入點，不一定要贊成對方的想法，但必須去理解他們的觀看方式為何，這樣才能確保我們不會受到太多大數據演算法的影響。

## 「女性是否仍活在「被觀看」的角色中？」

　　作者指出，女性在藝術與現實中長期處於被觀看、被審視的角色，並內化了這套觀看邏輯，使她們在現實中也以他人目光作為評價標準。這個觀察點出了一種深層的性別權力結構。然而，我認為這樣的說法也可能忽略了女性在現代社會中逐漸主動

掌握自身形象的能力。

而許多女性藝術家與創作者正反轉這種「被觀看」的結構，透過創作回應、改寫或諷刺男性凝視，並利用新媒體平台建立自主敘事的空間。此外，即使在社群媒體中，有些女性看似展演自己，但那不一定是為了取悅他人，也可能是為了自我實現與表達。例如，我在社群平台上有追蹤一位律師她同時也是一位熱愛鋼管舞的運動愛好者，而且表演的也十分出色，對她而言跳鋼管舞是她展現「身體自主」、「女性自主」的方式，不是為了取悅任何人，而是用自己的方式去詮釋女性的力量與自由。所以作者雖強調結構的限制，但或許我們也應看見女性抵抗的可能性，以及女性在觀看與被觀看之間逐漸發展出屬於自己的主體性。

「廣告是否僅具有操控性？」

作者認為廣告作為一種操控語言，它創造出一個理想的未來自我，使我們因為「不夠好」而陷入永無止盡的消費慾望。我認同這個觀點揭示了現代資本主義的影像策略，但同時我也認為作者對廣告的看法過於單一，並非所有廣告都是操控性的，有些廣告也可能傳達文化價值、社會意識，甚至促進某些正向行動（如公益、環保、性別平等等議題），並透過有影響力的代言人宣傳，使大眾自發參與，這些都並非如作者所述的，人們必然受廣告影響而陷入慾望中。

此外，現代消費者也越來越具有批判意識，能夠辨識並調整自己對廣告的反應，不再全然受制於畫面傳達的訊息。因此，廣告的影響力固然強大，

但它不必然只能導向操控與迷思,它也可能成為文化反思的一種媒介。

**「藝術一定要去市場化嗎?」**

　　作者在書中批判藝術被市場價值所制約的現象,認為藝術品在複製與拍賣制度下,被賦予一種「虛假的神聖性」,失去了原本的文化與意義。作者強調,藝術淪為商品,會讓人們忽略作品真正想傳達的訊息。然而,我認為這樣的觀點會過於理想化藝術的「純粹性」,也可能忽略了藝術與經濟互動的歷史與現實。因為藝術從未完全脫離資本關係,從教會委託進行宗教畫作、貴族資助肖像畫,到現代畫廊與藝術基金會的資金支持,藝術始終與金錢有著複雜連結。市場雖可能扭曲藝術價值,但也為藝術家提供生存與創作的資源。與其全然否定市場,我更傾向於我們應該將自己培養成具有判斷力的觀看者以及能看穿市場炒作與行銷、同時欣賞作品內在價值的人,而非試圖把藝術從市場中完全抽離。

| 問題焦點 | 問題思考 | 問題行動 | 問題結果 |
| --- | --- | --- | --- |
| 我們真的擁有觀看的自由嗎? | 每個影像的形成與傳播,都帶有觀看者與製作者的立場與意圖 | 接觸多元資訊、培養反思媒體的能力並主動跨出同溫層,去了解不同觀點的切入點 | 雖然我們易受到外在影響,但我們不全然地失去觀看的自由,反而可增強思辨的能力 |
| 女性是否仍活在被觀看的角色中 | 女性在藝術與現實中長期處於被審 | 女性開始運用傳作或社群平台來展 | 並非仍活在被觀看的角色中,許多 |

| 問題焦點 | 問題思考 | 問題行動 | 問題結果 |
|---|---|---|---|
| | 視的角色，使她們常以他人的目光作為評價標準 | 現自我價值，並且不受他人眼光的評價，專注於自己熱愛的事物 | 女性開始翻轉這種結構，運用不同的方式來展現自我，她們是為了自己而非取悅任何人 |
| 廣告是否僅具有操控性 | 廣告常使人產生「我不夠好」的想法，驅使人陷入無止盡的消費慾望 | 對廣告要有批判性思考，不要全然受制於畫面傳達的訊息，並且能調整自己對廣告的反應 | 廣告並非僅具有操控性，它也可能成為文化反思的媒介 |
| 藝術一定要去市場化嗎 | 藝術品的複製與消費，使藝術品失去原本的文化意義 | 應培養具判斷力及能看穿市場炒作與行銷的觀看者，並且能欣賞作品內在價值的人 | 藝術的發展與資本脫不了干係，所以絕對的去市場化是不必要的 |

## 結語

　　透過閱讀《觀看的方式》，我重新審視自己與這個影像充斥的世界之間的關係。從影像的形成、藝術的消費、性別的觀看到廣告的操控，作者層層拆解了我們日常中理所當然的視覺經驗，揭露了其中隱含的權力結構與價值操縱。這本書不只是提供

知識,更像是一面鏡子,讓我意識到自己過去在觀看時,常常以為自己是主動選擇,實則早已置身於各種結構與意圖的編排之中。

影像時代讓我以為自己擁有無限自由,但事實上,我所「看見」的,不過是眾多被設計好的現實之一。要真正掌握自己的觀看,並非關掉螢幕、拒絕影像,而是帶著質疑的眼光與批判的思考,學習去辨識背後的脈絡與權力。在這個資訊爆炸、影像支配的時代,唯有意識到「觀看本身也能被觀看」,我才有可能在被觀看與觀看他人之間,找回真正屬於自己的認識與選擇。

| 思維 | 公民 | 人文 | 自然 | 資訊 | 科學 |
| --- | --- | --- | --- | --- | --- |
| 美學 | 倫理 | 社會 | 科技 | 創意 | 宏觀 |

## 30

## 流行，其實是可以設計出來的

書名：引爆趨勢：小改變如何引發大流行
作者：麥爾坎・葛拉威爾
版本：時報文化出版企業股份有限公司
撰文者：周奕廷

**導讀**

　　有沒有想過，為什麼某些東西會突然爆紅？像是某支影片突然洗版、某個產品一夜之間賣到缺貨，甚至一種生活方式或流行語，大家好像突然都在盲目的跟風。這些現象看起來像是偶然，其實背後是有規則的。

　　在《引爆趨勢》這本書裡，作者麥爾坎・葛拉威爾就告訴我們—流行就像病毒一樣，有機會被「引爆」出來。而最關鍵的是，只要方法對，你我都可能成為這風潮的幕後推手。

　　葛拉威爾是一位很有洞察力的觀察者與說故事高手。他曾是《華盛頓郵報》的記者，後來在《紐約客》當專欄作家超過二十年，還被授予加拿大最高榮譽「加拿大勳章」。他從歷史、心理學、社會學的角度切入，擅長把複雜的現象講得既有趣又容易懂。他的成名作《引爆趨勢》在 2000 年一出版就爆紅，之後還陸續寫了《決斷 2 秒間》、《異

數》、《解密陌生人》等暢銷書，風格一貫是：用故事讓人突然看懂這個世界的運作方式。

《引爆趨勢》提出一個很酷的想法：一個想法、產品或行為，要變成風潮，只需要觸發一個「引爆點」。這就像病毒一樣，一旦傳開就很難收回。他歸納出三個關鍵因素：

1. 關鍵人物：你不需要全世界都知道你，但如果被幾個「影響力很強」的人轉傳、推薦，就可能瞬間爆紅。

2. 內容本身要夠吸引人：讓人看到會笑、會哭、會想分享的內容，傳播起來自然快。

3. 時機和環境也會影響結果：有些時候只是因為氣氛對了、時機剛好，風潮就突然爆發。

書裡還舉了很多真實例子，像某本書怎麼突然大賣、紐約的犯罪率怎麼大幅下降，甚至青少年為什麼開始抽菸，這些看似無關的現象，其實都可以用同一套邏輯來解釋。

所以如果你對「怎麼讓東西變紅」這件事有興趣，或常在想「為什麼大家突然都在做這個？你會發現，流行不是天上掉下來的，而是有人懂得抓準時機、用對方式，主動「引爆」出來的。

## 細看名著

你所看到的五個重點
1. 關鍵人物是影響流行的主導者
　　想引爆風潮，就得掌握那些有影響力的 KOL，他們能帶動整個群體的行為改變。
2. 三種關鍵人物角色

各國領袖（連結者）：把不同圈子的人連起來，是社群中的橋樑與領袖。
　　達人（專家型）：擁有某領域專業知識，大家信任他們的建議與推薦。
　　說客（說服高手）：具備說服魅力，能靠情緒影響力推動他人行動。
3. 黏性讓訊息更有影響力
　　一則訊息或產品要打動人心，必須夠簡單、吸引人、有記憶點，甚至能形成習慣，比如 Amazon 的「一鍵下單」就是個超黏的設計。
4. 環境影響力不容忽視
　　人的行為很容易受周遭環境影響，像是近朱者赤，近墨者黑；甚至居住地、社交圈都會默默潛移你的決定與喜好，孟母三遷就有點類似這個道理。
5. 150 人法則與小圈子效應
　　人類天生只適合維持約 150 個穩定人際關係，小團體中資訊流動快、影響力強，若能抓住關鍵人物，訊息就能快速擴散。

## 引經據典

1. 如果有人獨自看到黑煙從門下冒出來，他有 75 ％的可能性要去報警，但如果他與一群人在一起時，他去報警的可能性就只有 38％。換句話說，當人們處於人群中時，他們會分攤責任。(P. 14)
2. 社交圈子並不呈現環狀，而是金字塔。(P. 24)
3. 一個精明能幹的銷售員的與眾不同之處在於，他們對客戶提出的消極看法總能給與充分的、高品質的答覆。(P. 60)

4. 一旦建議變得實際而且符合個人需要，它就會令人難忘。(P. 86)
5. 我認為在商業廣告裡最重要的形式特徵不是展示某樣產品，而是在銷售一個理念。(P. 105)
6. 人類對於人際暗示比環境暗示要敏感。(P. 146)
7. 或許是因為後天學來的，或者是我們神經系統的結構決定的，我們似乎生來就受到某種局限，使我們的通道容量保持在這樣一個大致的範圍。(P. 150)
8. 為了發起一場大規模的流行潮，你得首先發起許多小規模流行。(P. 176)
9. 吸煙本身並不酷，酷的是吸煙者本身。(P. 210)
10. 世界並非是我們一廂情願認為的我們直覺中的世界。(P. 結論)

## 思辨探索

　　1. 曾經被笑是「爸爸鞋」的 New Balance 或以前大家覺得很醜的 Cross，因為被潮人、明星穿出街拍感，立刻從「時尚地獄」翻身變主流，而 IG 上的二手穿搭風格也是從小圈圈慢慢帶起的。

　　2. 在很多年輕人接觸電子煙，不是因為看了健康研究，而是某些網紅或朋友在自以為帥氣地抽，或暗示這是一種成熟象徵。就像某些網紅推崇喝高酒精濃度的飲品，也會潛移默化影響觀眾。

　　3.「3 分鐘學會 PPT 設計」、「懶人包解析國際時事」這類 YT 內容，就是現代版的「芝麻街」，用簡短、有趣的方式讓人快速吸收知識。教育科技產品如 Quizlet、Kahoot 也是類似的設計。

4.當朋友開始轉發一個梗圖、話題,沒多久整個朋友圈都在講!!這些超連結人物就是風潮或訊息的擴散關鍵。他們不一定有很多朋友,但他們在很多小群中穿梭。

| 問題焦點 | 問題思考 | 問題行動 | 問題結果 |
|---|---|---|---|
| 品牌銷量下滑,幾近消失 | 是不能由少數潮流領袖重新帶起風潮 | 潮人、設計師無意中穿搭,觸發流行病毒 | 銷售大增、品牌翻紅,進入時尚圈 |
| 為何年輕人明知吸菸有害還是要抽 | 是不是身邊有魅力的人,在影響他們 | 分析吸菸者的社會角色與影響力 | 發現說服力來自於人,而非理性數據 |
| 小孩看電視學不到東西,專注力短 | 怎樣的資訊能讓小孩之間記得住又學得快 | 加入角色、音樂、視覺節奏,設計黏性內容 | 透過娛樂學習,提高學習興趣 |
| 為何一個小話題可以傳得那麼快 | 是否少數高互動者是關鍵擴散者 | 追蹤傳播源頭,發現幾位社交活躍學生 | 證實超連結人物影響力巨大,能迅速擴散訊息 |

# 附錄一 講座 1

**講座名稱**：從《黑神話・悟空》與電影《哪吒》系列談傳統書法、古典文學與文創產製的關係，如何利用古典的元素來輔助設計文創產製的可能性。
**日期**：2025 年 3 月 14 日
**時間**：13:10-15:00
**地點**：社 114
**講者**：徐孝育書法家

## 講者介紹

　　徐孝育書法家，華梵東方人文思想所碩士、世新中文博士班，經歷：世新大學中文系、廣電系兼任講師、致理科大駐校藝術家、中正紀念堂藝文書法課程講師、台北市立藝文處書法講師、致理科大通識教育學部兼任講師、東吳大學推廣部書法研習班講師、天下集團大人社團書法練字課講師、台北市私立藝想天開文理美術音樂短期補習班講師

## 重點摘要

1. **以古鑄今：傳統元素的當代表現**
　　徐孝育老師以《黑神話・悟空》與電影《哪吒》為例，講述如何將《西遊記》、《封神演義》等古典文學及書法等傳統文化融入到當代文創產品中。

   ➤ 《黑神話・悟空》遊戲中使用的書法字體，經參考和模仿古代碑帖製作而成，體現製作團隊對文化的深度理解與尊重。

> 《哪吒》重新詮釋角色性格,挑戰傳統,並彰顯個體意識。

2. **書法的文創應用與潛力**

　　書法作為文化的視覺符號,除了被廣泛用於電玩與電影當中,也為文創商品提供融合可能性,如紙傘、陶藝、中藥方、二十四節氣等、甚至平板書寫 APP 等,展現在地化、生活化、多元化與創新應用。

3. **從模仿到創新:創作的進階路徑**

　　講者強調模仿是進入傳統的第一步,也是有必要的行為,但最終需發展出具個人風格與市場吸引力的創新作品。例如從書法聯想到蘇東坡、東坡肉,繼而轉化為以飲食文化為主題的設計。

4. **文創流程與市場思維**

　　創作文創商品需經歷四個階段:選題、表現方式、製作與變現。透過文化資產轉譯為市場接受度高的產品,才能讓傳統得以持續與傳承。

撰文者:林可儀

# 附錄二 講座 2

**講座名稱**：從讀者到創作者，閱讀自媒體如何翻轉文化
**日期**：2025 年 3 月 21 日
**時間**：13:10-15:00
**地點**：社 114
**講者**：林俐（推書手 L）

## 講者介紹

《你的推書手》網站主理人

## 重點摘要

自媒體興起改變了閱讀文化，「BookTok」（TikTok 上的書籍推薦標籤）讓近六成年輕人培養了閱讀習慣，也成功推動出版與書店產業轉型。例如 Barnes & Noble 因 BookTok 的熱潮使其業績轉虧為盈，持續大量展店。

1. **「ROMANTASY」類型的誕生**

    浪漫奇幻（Romantasy）是一個完全由自媒體創造而來的書籍類型，受眾大多為女性，在歐美市場占據很大一部分，銷售量逐年增長。在美國小說市場更佔據主導地位，年銷售達 14.4 億美元，穩居首冠。BookTok 的推薦是其爆紅的關鍵因素。

2. **自媒體創作者的多元發展**

    講者從讀者轉變為內容創作者，分享自己如何經營推書帳號，鼓勵同學「不用追求大流量，找到你的受眾最重要」，並強調小眾市場的潛力。

3. **台灣市場的反思與機會**

    台灣雖無封城紅利，但可參考韓國的「文字潮流」現象（TEXT HIP），透過摘錄書中金句、製作讀書筆記等方式將閱讀轉化為社交參與與文化展現。

4. **內容形式選擇策略**

    講者建議，根據書籍內容特性選擇圖文或短影音。例如長篇心得可使用 IG 貼文或部落格，快速吸睛則可用 TikTok 或 Reels 傳達書籍亮點，並強調不同平台內容的互補性。

撰文者：林可儀

# 附錄三 講座 3

**講座名稱**：AI 賦能行銷傳播力｜善用生成式 AI 工具，練就跨界技能、提高行銷曝光效率
**日期**：2025 年 4 月 18 日
**時間**：13:10-15:00
**地點**：社 114
**講者**：林柏源

## 講者介紹

《經理人》數位內容主編

## 重點摘要

1. **AI 的角色與價值**
   - AI 是提升工作效率的利器，在求職與職場競爭中極具優勢。
   - 能力不再只看技術，而是「會不會使用 AI 工具」。

2. **AI 不取代工作，而是「會用 AI 的人取代不會用的人」**
   - 懂得靈活運用 AI 工具者，更容易在職場脫穎而出。
   - 遇到機會先說「會」，再用 AI 快速完成初步成品，再做優化。

3. **精準的 Prompt 是 AI 使用的關鍵**
   - 四大原則：扮演專家、對焦任務、提供示

範、規定格式。
> APE（行動、目的、期望）、RTF（角色、任務、格式）等結構有助於高效對話。

4. **圖像與短影音的 AI 應用**
   > AI 圖像生成要掌握主體、背景、風格等細節。
   > 使用 GPT 搭配工具如 VEED，可快速產製短影音，包括腳本、旁白、人聲、剪輯等流程。

5. **打造個人化 AI 流程**
   > 自建 GPTs，無需每次重新輸入長指令，可更高效產出內容。
   > AI 是提升內容創作能量的助力者，不是限制者。

撰文者：林可儀

# 附錄四 講座 4

講座名稱：免技術、零成本！製作 ePub 電子書
日期：2025 年 5 月 2 日
時間：13:10-15:00
地點：社 114
講者：陳皓朋

## 講者介紹

現退休，曾任《PC Office 電腦上班族》雜誌總編輯，《DGBest 數碼世界》雜誌總編輯，城邦大陸事業部總經理，城邦電腦家庭集團 B2C 事業群副總經理兼編輯總監

## 重點摘要

1. **ePub 電子書平台簡介與應用**
   電子圖書標準，由國際數位出版論壇提出。透過開放格式、可自動重新排版與可攜性，成為主流的電子書出版工具。

2. **介紹與實作**
   介紹如何製作 ePub 電子書，以及封面的重要性，並透過實作練習，讓同學們快速掌握基本操作方法。

撰文者：林可儀

# 附錄五 傳播與文化閱讀書單
◎按本書篇名順序排列

1. 《他的地板是你的天花板：特權階級怎麼自我複製並阻礙社會流動機會?我們如何打破社會不平等?》作者：Sam Friedman, Daniel Laurison，譯者：麥慧芬，商周，2022。
2. 《底層網紅：時尚、金錢、性、暴力……社群慾望建構的最強龐氏騙局！》作者：Symeon Brown,譯者：盧思綸，王婉卉，寫樂文化，2023。
3. 《造假新聞：他是新聞金童還是謊言專家？德國《明鏡周刊》的杜撰醜聞與危機！》作者： Juan Moreno，譯者：黃慧珍，臺灣商務，2021。
4. 《區判：品味判斷的社會批判》作者: Pierre Bourdieu，譯者：邱德亮，麥田，2023。
5. 《烏合之眾：激情、非理性、領袖崇拜，盲目群體的心理陷阱》作者： Gustave Le Bon，譯者：董強，時報，2020。
6. 《扁平時代：演算法如何限縮我們的品味與文化》作者：Kyle Chayka，譯者：黃星樺，衛城，2025。
7. 《自己的房間》（經典紀念版）作者：維金尼亞‧吳爾芙（Virginia Woolf），譯者：張秀亞，天培，2019。
8. 《失控的焦慮世代：手機餵養的世代，如何面對心理疾病的瘟疫》作者：Jonathan Haidt，譯者：鍾玉玨，網路與書，2024。
9. 《娛樂至死：追求表象、歡笑和激情的媒體時代（2016 增修版）》作者：Neil Postman，譯者：蔡承志，貓頭鷹，2016。

10. 《第二性（唯一法文直譯經典中文全譯本，三冊精裝限量典藏版）》作者：Simone de Beauvoir，譯者：邱瑞鑾，貓頭鷹，2013。
11. 《製造共識【媒體政治經濟學】：政府、傳媒與廣告商，如何把偏見灌進「你」的腦裡，打造「他們」要的共識？》作者: Edward S. Herman , Noam Chomsky，譯者：沈聿德，野人，2021。
12. 《雲端封建時代：串流平台與社群媒體背後的經濟學》作者：Yanis Varoufakis，譯者：許瑞宋，衛城，2024。
13. 《注意力商人：他們如何操弄人心？揭密媒體、廣告、群眾的角力戰》作者：Tim Wu，譯者：黃庭敏，天下雜誌，2018。
14. 《單向度的人：發達工業社會的意識型態研究》作者：Herbert Marcuse，譯者：劉繼，麥田，2024。
15. 《真實烏托邦》作者：Erik Olin Wright，譯者：黃克先，群學，2015。
16. 《真相的商人：網路崛起、資訊爆炸、獲利崩跌，新聞媒體產業將何去何從？》作者：Jill Abramson，譯者：吳書榆，聯經出版，2021。
17. 《異常流行幻象與群眾瘋狂》作者：Charles Mackay，譯者：李祐寧，大牌，2024。
18. 《Mindf*ck 心智操控【劍橋分析技術大公開】：揭祕「大數據 AI 心理戰」如何結合時尚傳播、軍事戰略，深入你的網絡神經，操控你的政治判斷與消費行為！》作者：Christopher Wylie，譯者：劉維人，野人，2020。
19. 《監視與懲罰：監獄的誕生》作者：Michel Foucault，譯者：王紹中，時報，2020。
20. 《馬克思與馬克思主義》作者：Gregory Claeys，譯者：王榮輝，麥田，2022。

21. 《數位狂潮下的群眾危機》作者:韓炳哲,譯者:王聖智,一行,2020。
22. 《給眼球世代的觀看指南》作者：尼可拉斯・莫則夫，行人，2016。
23. 《階級與品味：隱藏在文化審美與流行趨勢背後的地位渴望》作者：W. David Marx，譯者：吳緯疆，二十張，2025。
24. 《日常生活中的自我呈現》作者：Erving Goffman，譯者：黃煜文，商周，2023。
25. 《認識媒體:人的延伸》作者：馬歇爾・麥克魯漢，貓頭鷹，2015。
26. 《媒體失效的年代》作者：Jeff Jarvis，譯者：陳信宏，天下文化，2016。
27. 《身分政治：民粹崛起、民主倒退，認同與尊嚴的鬥爭為何席捲當代世界？》作者：Francis Fukuyama，譯者：洪世民，時報，2020。
28. 《四騎士主宰的未來：解析地表最強四巨頭 Amazon、Apple、Facebook、Google 的兆演算法，你不可不知道的生存策略與關鍵能力》作者：Scott Galloway，譯者：許恬寧，天下雜誌，2018。
29. 《觀看的方式》作者：John Berger，譯者：吳莉君，麥田，2021。
30. 《引爆趨勢：小改變如何引發大流行》作者：Malcolm Gladwell，譯者：齊思賢，時報，2020。

# 從《黑神話・悟空》與《哪吒》看書法與古典文學在文創產製的可能性

講者：徐彥苻
世新大學 中國文學系博士班
世新大學廣電、中文系兼任講師
致理科大駐校藝術家、通識教育學部兼任講師

2025年3月14日
下午1310-1500 社科114教室

海報設計：林可儀
圖片來源：CANVA素材庫

# 從讀者到創作者

## 閱讀自媒體如何翻轉文化

講者：推書手LJ林俐
《你的推書手》網站主理人

**21 MARCH 2025　13:10-15:00　社114教室**

圖片來源：CANVA素材庫　　　　　海報設計：林可儀

# AI賦能行銷傳播力

## 善用生成式AI工具

### 練就跨界技能

## 提高行銷曝光效率

- AI x 社群貼文撰寫
- AI x 圖文訊息產出
- AI x 短影音素材製作

**18 APRIL 2025**
**13:10 ~ 15:00**
**社114教室**

**林柏源**
《經理人》數位內容主編
AI Podcast、AI 主播入圍金鼎獎
主責網站與社群營運、會員增長

海報設計：林可儀
圖片來源：CANVA素材庫

# 不懂程式設計也可以用word做出漂亮的epub電子書

## 陳皓朋

前T客邦網站編輯總監/曾創辦《電腦上班族》、《數碼世界》《孤獨星球》簡中版和《知識家》簡中版等多本電腦、旅遊和科學刊物/資深的科技產品玩家

1、用Word或線上轉檔網站取得ePub檔案
2、使用數位出版聯盟台灣ePub 3製作指引
3、利用免費軟體Sigil對ePub做細部的編輯
4、製作橫式、直式ePub電子書

05/02 社774 13:10-15:00

海報設計：林可儀
圖片來源：CANVA素材庫

國家圖書館出版品預行編目(CIP) 資料

傳播與文化經典選讀/王珩熹, 劉紫琪, 洪梓瑜, 蔣宛庭, 蒲又閎, 吳沛諭, 李文惠, 張瑀蕎, 陳珏羽, 洪若耘, 羅家葳, 何敏暄, 林建卓, 李佳欣, 李宜亭, 鄧威傑, 張丞維, 陳子印, 陳姿羽, 顧玉琪, 王憶芳, 呂柏毅, 蔡語軒, 邱婕芸, 張少瑛, 尹興柔, 黃敬棻, 林卓立, 姚友慈, 周奕廷共同撰文；雷碧秀主編. -- 初版. -- 臺北市：元華文創股份有限公司, 2025.08

面； 公分

ISBN 978-957-711-455-6 (平裝)

1.CST: 文化傳播學 2.CST: 傳播研究 3.CST: 文集

541.3407
114008403

# 傳播與文化經典選讀

主編　雷碧秀

作者　王珩熹　劉紫琪　洪梓瑜　蔣宛庭　蒲又閎　吳沛諭　李文惠　張瑀蕎
　　　陳珏羽　洪若耘　羅家葳　何敏暄　林建卓　李佳欣　李宜亭　鄧威傑
　　　張丞維　陳子印　陳姿羽　顧玉琪　王憶芳　呂柏毅　蔡語軒　邱婕芸
　　　張少瑛　尹興柔　黃敬棻　林卓立　姚友慈　周奕廷

發 行 人：賴洋助
出 版 者：元華文創股份有限公司
聯絡地址：100 臺北市中正區重慶南路二段 51 號 5 樓
公司地址：新竹縣竹北市台元一街 8 號 5 樓之 7
電　　話：(02) 2351-1607　　　傳　　真：(02) 2351-1549
網　　址：https://www.eculture.com.tw
E - m a i l：service@eculture.com.tw
主　　編：李欣芳
責任編輯：立欣
行銷業務：林宜葶

出版年月：2025 年 08 月 初版
定　　價：新臺幣 400 元

ISBN：978-957-711-455-6 (平裝)

總經銷：聯合發行股份有限公司
地　　址：231 新北市新店區寶橋路 235 巷 6 弄 6 號 4F
電　　話：(02)2917-8022　　　　傳　　真：(02)2915-6275

版權聲明：
　　本書版權為元華文創股份有限公司(以下簡稱元華文創)出版、發行。相關著作權利(含紙本及電子版)，非經元華文創同意或授權，不得將本書部份、全部內容複印或轉製、或數位型態之轉載複製，及任何未經元華文創同意之利用模式，違反者將依法究責。

■本書如有缺頁或裝訂錯誤，請寄回退換；其餘售出者，恕不退貨■